January 18, 1999

What do I consider my most important Contributions?

- That I early on—almost sixty years ago—realized that MANAGEMENT has become the constitutive organ and function of the <u>Society of Organizations</u>;

- That MANAGEMENT is not "Business Management- though it first attained attention in business- but the governing organ of ALL institutions of Modern Society;

- That I established the study of MANAGEMENT as a DISCIPLINE in its own right; and

- That I focused this discipline on People and Power; on Values; Structure and Constitution; AND ABOVE ALL ON RESPONSIBILITIES- that is focused the <u>Discipline of Management</u> on Management as a truly LIBERAL ART.

Peter F. Drucker

我认为我最重要的贡献是什么?

- 早在60年前,我就认识到管理已经成为组织社会的基本器官和功能;
- 管理不仅是"企业管理",而且是所有现代社会机构的管理器官,尽管管理最初侧重于企业管理;
- 我创建了管理这门独立的学科;
- 我围绕着人与权力、价值观、结构和方式来研究这一学科,尤其是围绕着责任。管理学科是把管理当作一门真正的人文艺术。

彼得·德鲁克
1999年1月18日

注:资料原件打印在德鲁克先生的私人信笺上,并有德鲁克先生亲笔签名,现藏于美国德鲁克档案馆。为纪念德鲁克先生,本书特收录这一珍贵资料。本资料由德鲁克管理学专家那国毅教授提供。

彼得·德鲁克和妻子多丽丝·德鲁克

德鲁克妻子多丽丝寄语中国读者

在此谨向广大的中国读者致以我诚挚的问候。本书深入介绍了德鲁克在管理领域方面的多种理念和见解。我相信他的管理思想得以在中国广泛应用，将有赖出版及持续的教育工作，令更多人受惠于他的馈赠。

盼望本书可以激发各位对构建一个令人憧憬的美好社会的希望，并推动大家在这一过程中积极发挥领导作用，他的在天之灵定会备感欣慰。

Doris Drucker

本页照片和多丽丝寄语原文与亲笔签名由彼得·德鲁克管理学院提供

动荡时代的管理

[美] 彼得·德鲁克 著

姜文波 译

Managing in
Turbulent Times

彼得·德鲁克全集

机械工业出版社
CHINA MACHINE PRESS

图书在版编目（CIP）数据

动荡时代的管理 /（美）彼得·德鲁克（Peter F. Drucker）著；姜文波译 . —北京：机械工业出版社，2018.9（2025.5 重印）
（彼得·德鲁克全集）
书名原文：Managing in Turbulent Times
ISBN 978-7-111-60799-1

I. 动… II. ①彼… ②姜… III. 企业管理 IV. F272

中国版本图书馆 CIP 数据核字（2018）第 202974 号

北京市版权局著作权合同登记　图字：01-2005-5266 号。

Peter F. Drucker. Managing in Turbulent Times.
Copyright © 1980 by Peter F. Drucker.
Chinese (Simplified Characters only) Trade Paperback Copyright © 2019 by China Machine Press. This edition arranged with HarperBusiness, an imprint of HarperCollins Publishers through Bardon-Chinese Media Agency. This edition is authorized for sale in the Chinese mainland (excluding Hong Kong SAR, Macao SAR and Taiwan).

No part of this book may be reproduced or transmitted in any form or by any means, electronic or mechanical, including photocopying, recording or any information storage and retrieval system, without permission, in writing, from the publisher.

All rights reserved.

本书中文简体字版由 HarperBusiness, an imprint of HarperCollins Publishers 通过 Bardon-Chinese Media Agency 授权机械工业出版社在中国大陆地区（不包括香港、澳门特别行政区及台湾地区）独家出版发行。未经出版者书面许可，不得以任何方式抄袭、复制或节录本书中的任何部分。

本书两面插页所用资料由彼得·德鲁克管理学院和那国毅教授提供。封面中签名摘自德鲁克先生为彼得·德鲁克管理学院的题词。

动荡时代的管理

出版发行：机械工业出版社（北京市西城区百万庄大街22号　邮政编码：100037）	
责任编辑：贾 萌	责任校对：李秋荣
印　　刷：北京机工印刷厂有限公司	版　　次：2025年5月第1版第9次印刷
开　　本：170mm×230mm　1/16	印　　张：15.5
书　　号：ISBN 978-7-111-60799-1	定　　价：79.00元

客服电话：（010）88361066　68326294

版权所有·侵权必究
封底无防伪标均为盗版

如果您喜欢彼得·德鲁克（Peter F. Drucker）或者他的书籍，那么请您尊重德鲁克。不要购买盗版图书，以及以德鲁克名义编纂的伪书。

| 目 录 |

推荐序一（邵明路）
推荐序二（赵曙明）
推荐序三（珍妮·达罗克）
前言

第1章　**管理基本要素** / 1
　　　　针对通货膨胀的调整 / 2
　　　　面向流动资金和财务实力的管理 / 5
　　　　管理生产力 / 7
　　　　知识工作者的生产力 / 15
　　　　生存成本与利润错觉 / 20

第2章　**面向明天的管理** / 30
　　　　把资源向成果集中 / 30
　　　　抛弃昨天 / 32
　　　　管理增长 / 35
　　　　管理创新和改变 / 38

面向明天的经营战略 / 50
给管理者的计分卡 / 57

第 3 章　管理巨变：新的人口结构和新的人口动态 / 62
新现实 / 64
生产分工：跨国一体化 / 81
新的消费市场 / 95
对管理战略的影响 / 101
从"劳动力"到"劳动大军" / 104
强制退休年龄的终结 / 110
"双头怪" / 116
发展中国家的就业机会需求 / 120
对冗余规划的需求 / 129

第 4 章　动荡环境中的管理 / 137
一体化的世界经济 / 139
跨国的世界货币 / 140
主权的终结 / 146
破裂的世界政治 / 151
世界经济中的"近发达"国家 / 154
面向世界经济的经营政策 / 160
员工社会 / 164
"权力追随财产" / 172
工会还能幸存吗 / 182
作为政治组织的企业 / 187
特定政治环境中的管理 / 199

结　论　管理层面临的挑战 / 204

译者后记 / 211

| 推荐序一 |

功能正常的社会和博雅管理

为"彼得·德鲁克全集"作序

享誉世界的"现代管理学之父"彼得·德鲁克先生自认为,虽然他因为创建了现代管理学而广为人知,但他其实是一名社会生态学者,他真正关心的是个人在社会环境中的生存状况,管理则是新出现的用来改善社会和人生的工具。他一生写了39本书,只有15本书是讲管理的,其他都是有关社群(社区)、社会和政体的,而其中写工商企业管理的只有两本书(《为成果而管理》和《创新与企业家精神》)。

德鲁克深知人性是不完美的,因此人所创造的一切事物,包括人设计的社会也不可能完美。他对社会的期待和理想并不高,那只是一个较少痛苦,还可以容忍的社会。不过,它还是要有基本的功能,为生活在其中的人提供可以正常生活和工作的条件。这些功能或条件,就好像一个生命体必须具备正常的生命特征,没有它们社会也就不成其为社会了。值得留意的是，社会并不等同于"国家"，因为"国（政府）"和"家（家庭）"不可能提供一个社会全部必要的职能。在德鲁克眼里，功能正常的社会至少要由三大类机构组成：政府、企业和非营利机构，它们各自发挥不同性质的作用，每一类、每一个机构中都要有能解决问题、令机构创造出独特绩效的权力中心和决策机制，这个权力中心和决策机制同时也要让机构里的每个人各得其所，既有所担当、做出贡献，又得到生计和身份、地位。这些在过去的国家中从来没有过的权力中心和决策机制，或者说新的"政体"，就是"管理"。在这里德鲁克把企业和非营利机构中的管理体制与政府的统治体制统称为"政体"，是因为它们都掌握权力，但是，这是两种性质截然不同的权力。企业和非营利机构掌握的，是为了提供特定的产品和服务，而调配社会资源的权力，政府所拥有的，则是维护整个社会的公平、正义的裁夺和干预的权力。

在美国克莱蒙特大学附近，有一座小小的德鲁克纪念馆，走进这座用他的故居改成的纪念馆，正对客厅入口的显眼处有一段他的名言：

> 在一个由多元的组织所构成的社会中，使我们的各种组织机构负责任地、独立自治地、高绩效地运作，是自由和尊严的唯一保障。有绩效的、负责任的管理是对抗和替代极权专制的唯一选择。

当年纪念馆落成时，德鲁克研究所的同事们问自己，如果要从德鲁克的著作中找出一段精练的话，概括这位大师的毕生工作对我们这个世界的意义，会是什么？他们最终选用了这段话。

如果你了解德鲁克的生平，了解他的基本信念和价值观形成的过程，你一定会同意他们的选择。从他的第一本书《经济人的末日》到他独自完成的最后一本书《功能社会》之间，贯穿着一条抵制极权专制、捍卫个人自由和尊严的直线。这里极权的极是极端的极，不是集中的集，两个词一字之差，其含义却有着重大区别，因为人类历史上由来已久的中央集权统治直到20世纪才有条件变种成极权主义。极权主义所谋求的，是从肉体到精神，全面、彻底地操纵和控制人类的每一个成员，把他们改造成实现个别极权主义者梦想的人形机器。20世纪给人类带来最大灾难和伤害的战争和运动，都是极权主义的"杰作"，德鲁克青年时代经历的希特勒纳粹主义正是其中之一。要了解德鲁克的经历怎样影响了他的信念和价值观，最好去读他的《旁观者》；要弄清什么是极权主义和为什么大众会拥护它，可以去读汉娜·阿伦特1951年出版的《极权主义的起源》。

好在历史的演变并不总是令人沮丧。工业革命以来，特别是从1800年开始，最近这200年生产力呈加速度提高，不但造就了物质的极大丰富，还带来社会结构的深刻改变，这就是德鲁克早在80年前就敏锐地洞察和指出的，多元的、组织型的新社会的形成：新兴的企业和非营利机构填补了由来已久的"国（政府）"和"家（家庭）"之间的断层和空白，为现代国家提供了真正意义上的种种社会功能。在这个基础上，教育的普及和知识工作者的崛起，正在造就知识经济和知识社会，而信息科技成为这一切变化的加速器。要特别说明，"知识工作者"是德鲁克创造的一个称谓，泛指具备和应用专门知识从事生产工作，为社会创造出有用的产品和服务的人群，这包括企业家和在任何机构中的管理者、专业人士和技工，也包括社会上的独立执业人士，如会计师、律师、咨询师、培训师等。在21世纪的今天，由于知识的应用领域一再被扩大，个人和个别机构不再是孤独无助的，他们因为掌握了某项知识，就拥有了选择的自由和影响他人的权力。知识工作者和由他们组成的知识型组织不再是传统的知识分子或组织，知识工作者最大的特点就是他们的独立自主，可以主动地整合资源、创造价值，促成经济、社会、文化甚至政治层面的改变，而传统的知识分子只能依附于当时的统治当局，在统治当局提供的平台上才能有所作为。这是一个划时代的、意义深远的变化，而且这个变化不仅发生在西方发达国家，也发生在发展中国家。

　　在一个由多元组织构成的社会中，拿政府、企业和非营利机构这三类组织相互比较，企业和非营利机构因为受到市场、公众和政府的制约，它们的管理者不可能像政府那样走上极权主义统治，这是它们在德鲁克看来，比政府更重要、更值得寄予希望的原因。尽管如此，它们仍然可能因为管理缺位或者管理失当，例如官僚专制，不能达到德鲁克期望的"负责任地、高绩效地运作"，从而为极权专制垄断社会资源让出空间、提供机会。在所有机构中，包括在互联网时代虚拟的工作社群中，知识工作者的崛起既为新的管理提供了基础和条件，也带来对传统的"胡萝卜加大棒"管理方式的挑战。德鲁克正是因应这样的现实，研究、创立和不断完善现代管理学的。

1999年1月18日，德鲁克接近90岁高龄，在回答"我最重要的贡献是什么"这个问题时，他写了下面这段话：

> 我着眼于人和权力、价值观、结构和规范去研究管理学，而在所有这些之上，我聚焦于"责任"，那意味着我是把管理学当作一门真正的"博雅技艺"来看待的。

给管理学冠上"博雅技艺"的标识是德鲁克的首创，反映出他对管理的独特视角，这一点显然很重要，但是在他众多的著作中却没找到多少这方面的进一步解释。最完整的阐述是在他的《管理新现实》这本书第15章第五小节，这节的标题就是"管理是一种博雅技艺"：

> 30年前，英国科学家兼小说家斯诺（C. P. Snow）曾经提到当代社会的"两种文化"。可是，管理既不符合斯诺所说的"人文文化"，也不符合他所说的"科学文化"。管理所关心的是行动和应用，而成果正是对管理的考验，从这一点来看，管理算是一种科技。可是，管理也关心人、人的价值、人的成长与发展，就这一点而言，管理又算是人文学科。另外，管理对社会结构和社群（社区）的关注与影响，也使管理算得上是人文学科。事实上，每一个曾经长年与各种组织里的管理者相处的人（就像本书作者）都知道，管理深深触及一些精神层面关切的问题——像人性的善与恶。
>
> 管理因而成为传统上所说的"博雅技艺"（liberal art）——是"博雅"（liberal），因为它关切的是知识的根本、自我认知、智慧

和领导力，也是"技艺"（art），因为管理就是实行和应用。管理者从各种人文科学和社会科学中——心理学和哲学、经济学和历史、伦理学，以及从自然科学中，汲取知识与见解，可是，他们必须把这种知识集中在效能和成果上——治疗病人、教育学生、建造桥梁，以及设计和销售容易使用的软件程序等。

作为一个有多年实际管理经验，又几乎通读过德鲁克全部著作的人，我曾经反复琢磨过为什么德鲁克要说管理学其实是一门"博雅技艺"。我终于意识到这并不仅仅是一个标新立异的溢美之举，而是在为管理定性，它揭示了管理的本质，提出了所有管理者努力的正确方向。这至少包括了以下几重含义：

第一，管理最根本的问题，或者说管理的要害，就是管理者和每个知识工作者怎么看待与处理人和权力的关系。德鲁克是一位基督徒，他的宗教信仰和他的生活经验相互印证，对他的研究和写作产生了深刻的影响。在他看来，人是不应该有权力（power）的，只有造人的上帝或者说造物主才拥有权力，造物主永远高于人类。归根结底，人性是软弱的，经不起权力的引诱和考验。因此，人可以拥有的只是授权（authority），也就是人只是在某一阶段、某一事情上，因为所拥有的品德、知识和能力而被授权。不但任何个人是这样，整个人类也是这样。民主国家中"主权在民"，但是人民的权力也是一种授权，是造物主授予的，人在这种授权之下只是一个既有自由意志，又要承担责任的"工具"，他是造物主的工具而不能成为主宰，不能按自己的意图去操纵和控制自己的同类。认识到这一点，人才会谦卑而且有责任感，他们才会以造物主才能够掌握、人类只能被其感召和启示的公平正义，去时时检讨自己，也才会甘愿把自己置于外力强制的规范和约束之下。

第二，尽管人性是不完美的，但是人彼此平等，都有自己的价值，都有自己的创造能力，都有自己的功能，都应该被尊敬，而且应该被鼓励去创造。美国的独立宣言和宪法中所说的，人生而平等，每个人都有与生俱来、不证自明的权利（rights），正是从这一信念而来的，这也是德鲁克的管理学之所以可以有所作为的根本依据。管理者是否相信每个人都有善意和潜力？是否真的对所有人都平等看待？这些基本的或者说核心的价值观和信念，最终决定他们是否能和德鲁克的学说发生感应，是否真的能理解和实行它。

第三，在知识社会和知识型组织里，每一个工作者在某种程度上，都既是知识工作者，也是管理者，因为他可以凭借自己的专门知识对他人和组织产生权威性的影响——知识就是权力。但是权力必须和责任捆绑在一起。而一个管理者是否负起了责任，要以绩效和成果做检验。凭绩效和成果问责的权力是正当和合法的权力，也就是授权（authority），否则就成为德鲁克坚决反对的强权（might）。绩效和成果之所以重要，不但在经济和物质层面，而且在心理层面，都会对人们产生影响。管理者和领导者如果持续不能解决现实问题，大众在彻底失望之余，会转而选择去依赖和服从强权，同时甘愿交出自己的自由和尊严。这就是为什么德鲁克一再警告，如果管理失败，极权主义就会取而代之。

第四，除了让组织取得绩效和成果，管理者还有没有其他的责任？或者换一种说法，绩效和成果仅限于可量化的经济成果和财富吗？对一个工商企业来说，除了为客户提供价廉物美的产品和服务、为股东赚取合理的利润，能否同时成为一个良好的、负责任的"社会公民"，能否同时帮助自己的员工在品格和能力两方面都得到提升呢？这似乎是一个太过苛刻的要求，但它是一个合理的要求。我个人在十多年前，和一家这样要求自己的后勤服务业的跨国公司合作，通过实践认识到这是可能的。这意味着我们必须学会把伦理道德的诉求和经济目标，设计进同一个工作流程、同一套衡量系统，直至每一种方法、工具和模式中去。值得欣慰的是，今天有越来越多的机构开始严肃地对待这个问题，在各自的领域做出肯定的回答。

第五，"作为一门博雅技艺的管理"或称"博雅管理"，这个讨人喜爱的中文翻译有一点儿问题，从翻译的"信、达、雅"这三项专业要求来看，雅则雅矣，信有不足。liberal art 直译过来应该是"自由的技艺"，但最早的繁体字中文版译成了"博雅艺术"，这可能是想要借助它在中国语文中的褒义，我个人还是觉得"自由的技艺"更贴近英文原意。liberal 本身就是自由。art 可以译成艺术，但管理是要应用的，是要产生绩效和成果的，所以它首先应该是一门"技能"。另一方面，管理的对象是人们的工作，和人打交道一定会面对人性的善恶，人的千变万化的意念——感性的和理性的，从这个角度看，管理又是一门涉及主观判断的"艺术"。所以 art 其实更适合解读为"技艺"。liberal——自由，art——技艺，把两者合起来就是"自由技艺"。

最后我想说的是，我之所以对 liberal art 的翻译这么咬文嚼字，是因为管理学并不像人们普遍认为的那样，是一个人或者一个机构的成功学。它不是旨在让一家企业赚钱，在生产效率方面达到最优，也不是旨在让一家非营利机构赢得道德上的美誉。它旨在让我们每个人都生存在其中的人类社会和人类社群（社区）更健康，使人们较少受到伤害和痛苦。让每个工作者，按照他与生俱来的善意和潜能，自由地选择他自己愿意在这个社会或社区中所承担的责任；自由地发挥才智去创造出对别人有用的价值，从而履行这样的责任；并且在这样一个创造性工作的过程中，成长为更好和更有能力的人。这就是德鲁克先生定义和期待的，管理作为一门"自由技艺"，或者叫"博雅管理"，它的真正的含义。

邵明路

彼得·德鲁克管理学院创办人

| 推荐序二 |

跨越时空的管理思想

20多年来，机械工业出版社关于德鲁克先生著作的出版计划在国内学术界和实践界引起了极大的反响，每本书一经出版便会占据畅销书排行榜，广受读者喜爱。我非常荣幸，一开始就全程参与了这套丛书的翻译、出版和推广活动。尽管这套丛书已经面世多年，然而每次去新华书店或是路过机场的书店，总能看见这套书静静地立于书架之上，长盛不衰。在当今这样一个强调产品迭代、崇尚标新立异、出版物良莠难分的时代，试问还有哪本书能做到这样呢？

如今，管理学研究者们试图总结和探讨中国经济与中国企业成功的奥秘，结论众说纷纭、莫衷一是。我想，企业成功的原因肯定是多种多样的。中国人讲求天时、地利、人和，缺一不可，其中一定少不了德鲁克先生著作的启发、点拨和教化。从中国老一代企业家（如张瑞敏、任正非），及新一代的优秀职业经理人

（如方洪波）的演讲中，我们常常可以听到来自先生的真知灼见。在当代管理学术研究中，我们也可以常常看出先生的思想指引和学术影响。我常常对学生说，当你不能找到好的研究灵感时，可以去翻翻先生的著作；当你对企业实践困惑不解时，也可以把先生的著作放在床头。简言之，要想了解现代管理理论和实践，首先要从研读德鲁克先生的著作开始。基于这个原因，1991年我从美国学成回国后，在南京大学商学院图书馆的一角专门开辟了德鲁克著作之窗，并一手创办了德鲁克论坛。至今，我已在南京大学商学院举办了100多期德鲁克论坛。在这一点上，我们也要感谢机械工业出版社为德鲁克先生著作的翻译、出版和推广付出的辛勤努力。

在与企业家的日常交流中，当发现他们存在各种困惑的时候，我常常推荐企业家阅读德鲁克先生的著作。这是因为，秉持奥地利学派的一贯传统，德鲁克先生总是将企业家和创新作为著作的中心思想之一。他坚持认为："优秀的企业家和企业家精神是一个国家最为重要的资源。"在企业发展过程中，企业家总是面临着效率和创新、制度和个性化、利润和社会责任、授权和控制、自我和他人等不同的矛盾与冲突。企业家总是在各种矛盾与冲突中成长和发展。现代工商管理教育不但需要传授建立现代管理制度的基本原理和准则，同时也要培养一大批具有优秀管理技能的职业经理人。一个有效的组织既离不开良好的制度保证，同时也离不开有效的管理者，两者缺一不可。这是因为，一方面，企业家需要通过对管理原则、责任和实践进行研究，探索如何建立一个有效的管理机制和制度，而衡量一个管理制度是否有效的标准就在于该制度能否将管理者个人特征的影响降到最低限度；另一方面，一个再高明的制度，如果没有具有职业道德的员工和管理者的遵守，制度也会很容易土崩瓦解。换言之，一个再高效的组织，如果缺乏有效的管理者和员工，组织的效率也不可能得到实现。虽然德鲁克先生的大部分著作是有关企业管理的，但是我们可以看到自由、成长、创新、多样化、多元化的思想在其著作中是一以贯之的。正如德鲁克在《旁观者》一书的序言中所阐述的，"未来是'有机体'的时代，由任务、目的、策略、社会的和外在的环境所主导"。很多人喜欢德鲁克提出的概念，但是德鲁克却说，"人比任何概念都有趣多了"。德鲁克本人虽然只是管理的旁观者，但是他对企业家工作的理解、对管理本质的洞察、对人性复杂性的观察，鞭辟入里、入木三分，这也许就是企业家喜爱他的著作的原因吧！

德鲁克先生从研究营利组织开始，如《公司的概念》（1946年），到研究非营利组织，如《非营利组织的管理》（1990年），再到后来研究社会组织，如《功能社会》（2002年）。虽然德鲁克先生的大部分著作出版于20世纪六七十年代，然而其影响力却是历久弥新的。在他的著作中，读者很容易找到许多最新的管理思想的源头，同时也不难获悉许多在其他管理著作中无法找到的"真知灼见"，从组织的使命、组织的目标以及工商企业与服务机构的异同，到组织绩效、富有效率的员工、员工成就、员工福利和知识工作者，再到组织的社会影响与社会责任、企业与政府的关系、管理者的工作、管理工作的设计与内涵、管理人员的开发、目标管理与自我控制、中层管理者和知识型组织、有效决策、管理沟通、管理控制、面向未来的管理、组织的架构与设计、企业的合理规模、多角化经营、多国公司、企业成长和创新型组织等。

30多年前在美国读书期间，我就开始阅读先生的著作，学习先生的思想，并聆听先生的课堂教学。回国以后，我一直把他的著作放在案头。尔后，每隔一段时间，每每碰到新问题，就重新温故。令人惊奇的是，随着阅历的增长、知识的丰富，每次重温的时候，竟然会生出许多不同以往的想法和体会。仿佛这是一座挖不尽的宝藏，让人久久回味，有幸得以伴随终生。一本著作一旦诞生，就独立于作者、独立于时代而专属于每个读者，不同地理区域、不同文化背景、不同时代的人都能够从中得到启发、得到教育。这样的书是永恒的、跨越时空的。我想，德鲁克先生的著作就是如此。

特此作序，与大家共勉！

南京大学人文社会科学资深教授、商学院名誉院长

博士生导师

2018年10月于南京大学商学院安中大楼

| 推荐序三 |

彼得·德鲁克与伊藤雅俊管理学院是因循彼得·德鲁克和伊藤雅俊命名的。德鲁克生前担任玛丽·兰金·克拉克社会科学与管理学教席教授长达三十余载,而伊藤雅俊则受到日本商业人士和企业家的高度评价。

彼得·德鲁克被称为"现代管理学之父",他的作品涵盖了39本著作和无数篇文章。在德鲁克学院,我们将他的著述加以浓缩,称之为"德鲁克学说",以撷取德鲁克著述在五个关键方面的精华。

我们用以下框架来呈现德鲁克著述的现实意义,并呈现他的管理理论对当今社会的深远影响。

这五个关键方面如下。

(1)**对功能社会重要性的信念**。一个功能社会需要各种可持续性的组织贯穿于所有部门,这些组织皆由品行端正和有责任感的经理人来运营，他们很在意自己为社会带来的影响以及所做的贡献。德鲁克有两本书堪称他在功能社会研究领域的奠基之作。第一本书是《经济人的末日》（1939年），"审视了法西斯主义的精神和社会根源"。然后，在接下来出版的《工业人的未来》（1942年）一书中，德鲁克阐述了自己对第二次世界大战后社会的展望。后来，因为对健康组织对功能社会的重要作用兴趣盎然，他的主要关注点转到了商业。

（2）**对人的关注**。德鲁克笃信管理是一门博雅艺术，即建立一种情境，使博雅艺术在其中得以践行。这种哲学的宗旨是：管理是一项人的活动。德鲁克笃信人的潜质和能力，而且认为卓有成效的管理者是通过人来做成事情的，因为工作会给人带来社会地位和归属感。德鲁克提醒经理人，他们的职责可不只是给大家发一份薪水那么简单。

对于如何看待客户，德鲁克也采取"以人为本"的思想。他有一句话人人知晓，即客户决定了你的生意是什么，这门生意出品什么以及这门生意日后能否繁荣，因为客户只会为他们认为有价值的东西买单。理解客户的现实以及客户崇尚的价值是"市场营销的全部所在"。

（3）**对绩效的关注**。经理人有责任使一个组织健康运营并且持续下去。考量经理人的凭据是成果，因此他们要为那些成果负责。德鲁克同样认为，成果负责制要渗透到组织的每一个层面，务求淋漓尽致。

制衡的问题在德鲁克有关绩效的论述中也有所反映。他深谙若想提高人的生产力，就必须让工作给他们带来社会地位和意义。同样，德鲁克还论述了在延续性和变化二者间保持平衡的必要性，他强调面向未来并且看到"一个已经发生的未来"是经理人无法回避的职责。

经理人必须能够探寻复杂、模糊的问题，预测并迎接变化乃至更新所带来的挑战，要能看到事情目前的样貌以及可能呈现的样貌。

（4）**对自我管理的关注**。一个有责任心的工作者应该能驱动他自己，能设立较高的绩效标准，并且能控制、衡量并指导自己的绩效。但是首先，卓有成效的管理者必须能自如地掌控他们自己的想法、情绪和行动。换言之，内在意愿在先，外在成效在后。

（5）**基于实践的、跨学科的、终身的学习观念**。德鲁克崇尚终身学习，因为他相信经理人必须要与变化保持同步。但德鲁克曾经也有一句名言："不要告诉我你跟我有过一次精彩的会面，告诉我你下周一打算有哪些不同。"这句话的意思正如我们理解的，我们必须关注"周一早上的不同"。

这些就是"德鲁克学说"的五个支柱。如果你放眼当今各个商业领域，就会发现这五个支柱恰好代表了五个关键方面，它们始终贯穿交织在许多公司使命宣言传达的讯息中。我们有谁没听说过高管宣称要回馈他们的社区，要欣然采纳以人为本的管理方法和跨界协同呢？

彼得·德鲁克的远见卓识在于他将管理视为一门博雅艺术。他的理论鼓励经理人去应用"博雅艺术的智慧和操守课程来解答日常在工作、学校和社会中遇到的问题"。也就是说，经理人的目光要穿越学科边界来解决这世上最棘手的一些问题，并且坚持不懈地问自己："你下周一打算有哪些不同？"

彼得·德鲁克的影响不限于管理实践，还有管理教育。在德鲁克学院，我们用"德鲁克学说"的五个支柱来指导课程大纲设计，也就是说，我们按照从如何进行自我管理到组织如何介入社会这个次序来给学生开设课程。

德鲁克学院一直十分重视自己的毕业生在管理实践中发挥的作用。其实，我们的使命宣言就是：

> 通过培养改变世界的全球领导者，来提升世界各地的管理实践。

有意思的是，世界各地的管理教育机构也很重视它们的学生在实践中的表现。事实上，这已经成为国际精英商学院协会（AACSB）认证的主要标志之一。国际精英商学院协会"始终致力于增进商界、学者、机构以及学生之间的交融，从而使商业教育能够与商业实践的需求步调一致"。

最后我想谈谈德鲁克和管理教育，我的观点来自 2001 年 11 月 *BizEd* 杂志第 1 期对彼得·德鲁克所做的一次访谈，这本杂志由商学院协会出版，受众是商学院。在访谈中，德鲁克被问道：在诸多事项中，有哪三门课最重要，是当今商学院应该教给明日之管理者的？

德鲁克答道：

> 第一课，他们必须学会对自己负责。太多的人仍在指望人事部门来照顾他们，他们不知道自己的优势，不知道自己的归属何在，他们对自己毫不负责。
>
> 第二课也是最重要的，要向上看，而不是向下看。焦点仍然放在对下属的管理上，但应开始关注如何成为一名管理者。

管理你的上司比管理下属更重要。所以你要问:"我应该为组织贡献什么?"

最后一课是必须修习基本的素养。是的,你想让会计做好会计的事,但你也想让她了解其他组织的功能何在。这就是我说的组织的基本素养。这类素养不是学一些相关课程就行了,而是与实践经验有关。

凭我一己之见,德鲁克在2001年给出的这则忠告,放在今日仍然适用。卓有成效的管理者需要修习自我管理,需要向上管理,也需要了解一个组织的功能如何与整个组织契合。

彼得·德鲁克对管理实践的影响深刻而巨大。他涉猎广泛,他的一些早期著述,如《管理的实践》(1954年)、《卓有成效的管理者》(1966年)以及《创新与企业家精神》(1985年),都是我时不时会翻阅研读的书籍,每当我作为一个商界领导者被诸多问题困扰时,我都会从这些书中寻求答案。

珍妮·达罗克
彼得·德鲁克与伊藤雅俊管理学院院长
亨利·黄市场营销和创新教授
美国加州克莱蒙特市

| 前 言 |

本书关注的是行动、战略和机会,是管理者能够做什么、应该做什么和必须做什么。关于将来的时期,也就是管理者将必须在其中工作和履行职责的时期,唯一确定的就是它们将是动荡的时期。而在动荡时期,管理层的首要任务就是确保组织的生存能力,确保组织结构的坚实和稳固,确保组织有能力承受突然的打击、适应突然的改变、充分利用新的机会。

有句古语说得好,"宁为太平狗,不做乱世人"。从来没有哪个"乱世"比20世纪的末期更乱了。这正是我在15年前首次写作本书时所预见到的。但是自那以后,时世变得太乱了,因此也太动荡了,已经超出了当时任何一个人的预期。那时,柏林墙(Berlin Wall)还没有倒下,苏联看起来仍坚如磐石,欧洲经济共同体(European Economic Community)也仍然还是政治宣言而非经济现实。那时,哪怕是一个疯子也不会预言墨西哥人将抛弃他们坚持了150年的孤立主义，决定融入北边愤怒而又担心的"美国佬"的经济中。日本尽管已经是一个经济巨人了，但仍旧有着相当大的对美贸易逆差，而且日本制造的汽车也几乎还没有开始出口。尽管我们当时有不少人预见到了在20年严重的政治腐败和轻率的对外举债之后前西班牙美洲领地的经济崩溃，但是谁也不可能预见到像阿根廷这样的经济醉汉会突然清醒，更不用说会预见到它的经济能好转得如此迅速了。

毫无疑问，我们如今的世界政治、世界经济以及科技都还远远没有"平静下来"。真的，就像我在自己最近写的《后资本主义社会》（*Post-Capitalist Society*）一书中所阐释的，我们最多也就是刚刚在世界历史上的一次重大转型中走过了一半的路程。所以，对如今企业、大学、医院、政府机构以及工会等各种组织的管理者和决策者来说，弄清楚该怎样在动荡时期进行管理就成了当务之急。因此，现在这本书或许比它第一次出版时更适时。

下面这句"引文"就是本书所宣扬的主题：

"不要耍小聪明，要尽职尽责。"

预言未来只能让你惹上麻烦。我们的任务是管理现在，努力地促成能够发生和应该发生的。在这本书里没有灵丹妙药，没有权宜之计。实际上，这本书探讨的是哪些工作我们必须要做到。关键词是"必须"。高级管理者对宇宙的掌控跟其他人没什么两样。但是，高级管理者要对他们经管的组织的生存负责，要对组织履行使命的能力以及组织的结果负责。

尽管我们不能预言未来，我们却可以找出那些已经发生并且将会产生重大而又可预知的影响的重要发展。任何想要在动荡时期管理好组织的努力，都必须首先着手于最具可预知性的发展：人口统计特征。一个发达国家到2010年的劳动人口中的任何一个成员如今都已经出生了。对这个国家来说，一个最重要的发展肯定将是不可逆转的，那就是从体力劳动转向作为发达经济核心资源的知识工作、从体力劳动者转向作为核心劳动人口的知识工作者。今天和明天的高级管理者必须有效地管理的这支劳动大军，的确非常不同于今天的高级管理者在20～25年前开始各自职业生涯时的那支劳动大军。

经济也是如此。经济的重心不仅已经从机械性的行业转到了知识型的行业，而且已经彻底地从制造或买卖东西的行业转到了各种服务业。另外，经济还从全国经济转向了区域经济和跨国经济，货币和信息已经变得真正地跨国流动了。正像人人都知道的，我们正处在一次伟大的技术变革之中，其意义不亚于200年前的第一次工业革命，也不亚于150年前为我们带来了钢铁、化工和电力的第二次工业革命。

因此，在动荡时期进行管理就意味着要勇敢地面对新的现实，意味着你在开始时就要想着"这个世界的真实情形是怎样的"，而不是仍旧抱着几年前似乎有些道理的断言和假定。

在第二次世界大战后的25年里，规划变得很流行。但是就像我们通常习惯的那样，规划会假定高度的连续性。通常，规划从昨天的趋势入手，并把这些趋势投射到未来——或许会采用一个不同的"组合"，却有着非常相似的要素和结构。这种做法将不会再奏效了。在一个动荡时期，最有可能发生的假定是可以改变结构的独特事件，而根据定义，独特事件是无法规划的。但是，它们往往是可以预见的。这需要面向明天的战略——这样的战略可以预见到最重大的变化可能发生在哪里、可能是什么，可以使一家企业、一所医院、学校或大学能够利用新的现实，能够把动荡转化为机会。

本书处理的是战略——有了这样的战略，我们才能利用快速的变化，才能把变化的威胁转化为机会，从而采取有效且有利的行动，为社会、经济和个人做出贡献。

一个动荡的时期是危险的时期，但它最大的危险就在于诱使你否认现实。新的现实既不符合左翼的假定，也不符合右翼的假定。它们全然不是所谓的"人人都知道"的那样。它们甚至更加不同于人人都还信以为真的现实，不管有没有政治信念的影响。"现实"完全不同于左翼和右翼的"想象"。如今，最强烈、最危险的动荡起因于决策者的错觉与现实之间的冲突——不管这些决策者是政府官员、企业的最高管理层，还是工会领袖。

但是对那些能够理解、承认和利用新现实的人来说，一个动荡的时期也是一个充满大好机会的时期。最重要的是，它对领导者来说是一个充满机会的时期。因此在本书中，一个贯穿始终的主题是各个企业中的决策者必须勇敢地面对现实，必须抵制"人人都知道"的常规以及昨日确定性的诱惑，因为这些将会变成对明天有害的迷信。

本书将探讨新的现实。但是，本书关心的是行动而不是理解，是决策而不是分析。这不是一本"哲学意义上的"书，它也不是要探索"我们正在走向何处"。它注重的是务实，是为公有或私有管理领域中的决策者而写的。这不是一本"入门指导"，相反，它是要告诉高级管理者该做什么。

彼得·德鲁克

1993 年 5 月 3 日于美国加利福尼亚州克莱蒙特

第 1 章 | CHAPTER 1

管理基本要素

在动荡时期，一个组织必须要既能够经受住突如其来的打击，又能够充分利用突然出现的机会。这就意味着在动荡时期，基本要素必须要得到管理，并且是得到有效的管理。

在可以预知的时期，比如从马歇尔计划（The Marshall Plan）到欧佩克卡特尔（OPEC cartel）的那 25 年，基本要素往往被认为是理所当然的。但是，除非基本要素始终都得到精心的、一贯的、尽责的管理，否则它们就会日趋恶化。实际上，对如今的大多数组织（包括商业组织、非商业组织和公共服务机构）来说，最大的威胁或许并不是公众对商业的敌视、环境限制、过于热心的管制或能源问题，甚至也不是通货膨胀，而有可能是基本要素当中隐藏着的恶化。经过了一段长期的相对平静之后，在很多被每个人都认为理所当然的领域里，在令每个人都感到厌烦的常规惯例中，总是会隐藏着一些意想不到的弱点及其所带来的威胁。

基本要素并没有改变。但是，随着内部和外部环境的变化，管理这些要素的细节却要大大地改变。因此，动荡时期的管理必须首先讨论对现有业务的生存和成功有影响的全新需求。这些需求包括：

- 流动资金
- 生产力
- 未来成本

仅仅管理好当前的业务是不够的，而这却是一个必要的前提。

针对通货膨胀的调整

在你能够成功地管理之前，你有必要准确地知道自己正在管理的是什么。但是如今的高级管理者，无论是为营利企业效力的，还是为非营利的公共服务机构工作的，他们都并不知道这样的事实。那些被他们误认为事实的东西，多半只是幻觉和半真半假的描述。其组织的事实被通货膨胀掩盖了、扭曲了。同他们的前辈相比，如今的高级管理者能够得到的报告、信息和数字要多得多；他们已经对这些数字形成了依赖，因此如果这些数字说了谎，他们也就危险了。然而在通货膨胀期间，数字就是在说谎。人们仍旧倾向于认为货币是价值的标准，货币本身就是一种价值，但在通货膨胀期间，这实际上是一种错觉。在基本要素能够得到有效的管理之前，有关任何一家企业的各种"事实"——它的销售额、它的财务状况、它的资产和负债以及它的收益，都必须针对通货膨胀做出调整。

最近10年里，在西方各国和日本，各家企业逐年地发布着"创纪录的利润"。实际上在这些国家里，这期间根本就没有多少家企业能够盈利。根据盈利的定义，在通货膨胀期间盈利是不可能的，因为通货膨胀是政府对财富的系统性破坏。应该说，公众可以感觉到这一点，尽管他们并不理解。这也解释了为什么这些"创纪录的利润"遭遇了证券交易所的怀疑以及公众的敌视。但更严重的是，"创纪录的利润"的错觉还会导致企业走向错误的分析、错误的决定和错误的行动，导致各方面的管理失当。

大多数的高级管理者都知道这一切；然而迄今为止，还很少有人试过去纠正通货膨胀所造成的这种误导。我们知道该做什么，而且要做到也并不是非常困难的。我们需要针对通货膨胀来调整销售额、价格、库存、应收账款、固定资产和折旧以及收益——并不要求绝对精确，只求能在一个合理的概率范围之内。在做到这一点之前，即使是最有远见的高级管理者，也难免会沦为通货膨胀所引起的错觉的牺牲品。他或许也知道这些数字是具有严重误导性的；但是只要数字摆在他面前，他就还是会根据这些数字来采取行动，而不是根据自己更可靠的知识。他还是会愚蠢地、错误地、不负责任地行事。

第二种危险的错觉是因为企业在资本成本很低的情况下仍旧找得到资金用途（比如在通货膨胀前按照当时利率发行的长期企业债券）所以就坚信表面上的"收益"就是企业的真实收益。这些钱迟早（通常是很快）得归还，然后收益必然缩水，变得勉强能够弥补重新筹集资金时的资本成本。在针对通货膨胀进行调整时，企业的资金必须要像任何其他的固定资产一样得到调整——而且，利率将永远等于通货膨胀率，这是一条不变的公理。

"存货利润"也绝不是真实的利润。如果通货膨胀继续，那么存货将不得不以将来更高的价格补充。如果通货膨胀停止，那么存货利润会立刻变成存货损失。不管是哪一种情况，表面上的"存货利润"更确切地说就是一种应急储备金。

在大多数国家和绝大多数的企业里，高级管理者之所以不根据通货膨胀做出调整，一个原因是他们坚信通货膨胀是一种"暂时现象"。但是，在不间断的通货膨胀持续了15年之后，他们的这种想法显然是不合理的。另一个原因在于，政府几乎都抵制通货膨胀的事实——在少数的例外当中，巴西是最重要的一个。政府，尤其是在20世纪累进所得税制度下的政府，都是通货膨胀的主要受益者，根本没有揭示真正事实的动机。在有些国家里，特别是美国，税收制度已经让高级管理者有了对自己说谎的强烈动机。美国的税收制度非常照顾与账面收益挂钩的优先认股权和奖金，这就使得报告膨胀的收益非常符合高级管理者的个人利益。但是在那些尚未普遍接受这种优先认股权或奖金的国家里，比如在日本，高级管理者也同样拼命地抵制根据通货膨胀对他们的账面数字做出任何的调整。其中主要的原因想必是虚荣心：高级管理者希望因"创纪录的利润"而得到好评，即使他们自己也知道这些数字仅仅是错觉，这样做的确不诚实。

常常可以听到有人（尤其是会计师）辩解说，这些数字不应该调整，因为我们还不知道精确的调整方法。但是，这简直就犹如医生如果无法就精确的治疗方案达成一致意见，他们就该对病得非常厉害的患者说你一点儿毛病没有，你的高烧仅仅是幻觉。无论如何，就像每一个会计师都知道的那样，他算到一分一厘才得出的这些数字，其实大多数都是在一个相当宽的概率范围内的估计，比如适用于固定资产决算表数字的正负 20% 的误差范围。

不根据通货膨胀做出调整是偷懒和不负责任的做法。动荡时期的管理必须要首先根据通货膨胀来调整企业的数字，尽管只能是在一个大致合理的概率范围内。没有这样做的高级管理者试图欺骗别人，但他们仅仅是在欺骗自己。

面向流动资金和财务实力的管理

在最近几年里，有很多人一直在抱怨"股票的市场价格太低了"。已经一再被人们指出的是，企业在以低得可笑的市盈率发售股票，而且往往大大低于其报告的账面价值或清算价值。但是，这些抱怨总的来说是毫无根据的。考虑到不仅将来即使现在也存在着不确定性，我们甚至可以认为股票的市场价格太高了。如果企业的账目根据通货膨胀做了调整，那么很大一部分的收益就会变成亏损。因此，看起来好像非常低的市盈率其实很高，它是固定货币价值下的收益与股票市场价格的比值。如果企业的资产负债表根据通货膨胀做了调整，那么很多企业（肯定包括大多数的制造企业）的账面价值都会显著地缩水，甚至可能表现为负债超过资产。

最重要的是，股票市场越来越多地根据流动资金而不是收益来评定企业的价值。在纽约（New York）、伦敦（London）、苏黎世（Zurich）、东京（Tokyo）和法兰克福（Frankfurt）等各个主要的证券交易所，行情与现金流和流动资金紧密相关，而与被通货膨胀扭曲了的收益数字几乎没什么关联。股票市场是正确的。在动荡时期，流动资金要比收益更重要。如果拥有足够的现金流和财务实力，那么一家企业或者是公共服务机构就能够在长期的低收益或低收入中幸存下来。相反的做法则是错误的。对于股票市场来说，根据企业的财务状况而不是收益确定企业的股价，这是明智的。与账面收益不同，即使是在通货膨胀时期，流动资金也是相当可靠的衡量标准。

在动荡时期，资产负债表变得比利润表更加重要。换句话说，在动荡时期，管理层必须把财务实力摆在收益的前面。在动荡时期，管理者必须要知道维持经营所需的最少流动资金是多少。要想平安度过一场90天或120天的金融恐慌，我们的企业需要多少流动资本？在一场历时120天的金融恐慌之后，总是会有一种新的"常态"出现。但是在这场恐慌期间，一家企业必须要能够在没有外来帮助的情况下维持运转，否则就有垮掉的危险。如果单从紧缩的角度来说，企业必须要有维持经营所需的流动资产。在动荡时期，企业需要考虑清楚，如果要被迫熬过一次金融恐慌、信用危机或者突然的通货紧缩，它们能做什么、会做什么。在这种时候，该如何关注销售额、市场地位、创新以及收益，又该如何关注财务实力、偿付能力以及流动资金，管理者必须要做出权衡。流动资金本身并不是目的，但在动荡时期，它变成了一种限制，一种生存必需品。

管理生产力

使资源变得富有生产力，这是管理层的特殊任务，完全不同于"管理者"的其他两项任务：企业家职能和行政管理。管理层作为独特社会职能出现的历史开始于 100 多年前，当时人们发现对资源的管理能够提高生产力。能让资源变得富有生产力的，就是管理者——而不是大自然、法律、经济或者政府。在一家工厂或企业，在一家商店、医院、办公室、港口或者研究实验室，资源都能够变得富有生产力。能够赋予或剥夺资源的生产力的人，是工作在各自职责范围内的一个个管理者。

在 1875 年左右，弗雷德里克 W. 泰勒（Frederick W. Taylor）发现：我们能够对工作加以管理，从而使之变得更加富有生产力。在泰勒之前，要想获得更多的产出，唯一的途径就是加大劳动强度和延长劳动时间。但是泰勒则发现，获得更多产出的途径是"工作得更聪明"——也就是更富有生产力。他认识到，提高劳动的生产力不是工人的责任，而是管理者的责任。泰勒还发现，生产力是知识应用于特定人力资源劳动的结果，尽管他从未把这一深刻见解表达为理论。

泰勒把知识应用在了人类劳动上——对应于 19 世纪的现实，也就是应用在了体力劳动上。如今我们知道必须要把知识应用于所有资源：

资本、关键的物质资源、时间以及知识本身。当然，我们现在也知道一个有效的经济理论将必须以作为价值来源的生产力为基础。企图彻底抛弃一切价值理论的勇敢尝试——100多年前从奥地利学派（Austrian school）开始，并在当今凯恩斯主义者（Keynesians）和弗里德曼货币学派的支持者（Friedmanites）"不受价值影响的"经济分析中达到顶峰——也已经被证明是失败的。我们的确需要一个真正的、基于价值理论的经济理论；但是，这样的一个理论将必须是基于这样的基本原理："生产力是一切经济价值的来源。"

如今我们已经对提高生产力有了相当多的了解。我们知道，提高生产力在一定程度上是通过创新、通过资源从衰退的旧利用方式向更加富有生产力的新利用方式转移来实现的。另外，生产力的提高也可以通过持续改善现有利用方式中资源的生产力来实现。我们知道，我们需要致力于改善各种生产要素：资本、自然资源、时间以及知识。但是我们也知道，最终有意义的，是某个特定的流程、企业和经济利用中所有资源的总体生产力。

最重要的是我们知道，在一个个的企业、工厂、车间或办公室等我们所谓的"微观经济"中，生产力可以被创造、被提高或被破坏。提高生产力是管理者的责任。

最近一个世纪以来，在所有的发达国家里，或者说至少是在所有实行市场经济的国家里，生产力一直在稳步地提高。无论是在哪个国家，只要是出现了经济发展，这种发展就一定是基于以提高生产力为目标的资源管理。这并不仅仅适用于制造业。在农业领域——一个所有19世纪的经济学家都"知道"的、被认为生产力不可能再有任何提高的领域——生产力提高得甚至更加迅速。的确，从19世纪到20世纪，还没有什么能像发达的工业化国家在农场上的生产力爆发一样，如此巨大地改变了国家的经济面貌。不过，如今医生的生产力也要比20世纪初高出了不知多少倍。80年前的医生，当他们慢慢悠悠地从一家偏远的农舍赶往另一家时，他们把大部分的时间都花在盯着马尾巴发呆上了。20世纪80年代的医生住在城里，他们的患者也都密集地在城里定居；而由于汽车的出现，即使患者是一个小孩子，我们也可以把他安全、轻松地送到医生的诊所里。同80年前的前辈相比，如今的医生在一个工作日内可以接诊的患者要多大约10倍。而且，即使没有技术创新，仅仅靠着不断地改善管理，如今商业银行中1美元的生产力也要比一个世纪前高出大约100倍，也就是说，在如今的商业银行中，1美元存款可以支持的交易量大约是19世纪晚期的100倍。

生产力的这种爆炸性发展已经彻底地改变了我们对经济和经济学的看法。整个19世纪的人们都认为"报酬递减法则"是理所当然的。因此，他们关注的焦点是增加供给，是微观经济学。到20世纪的头25年结束时，不断发展的生产力已经让这种顾虑显得毫无必要了。看起来，生产力可以照顾好自己。于是，经济学家把关注点转向了需求，转向了宏观经济学。凯恩斯（Keynes）非常清楚地知道，在自己的理论中，完全没有任何对生产力的关注。当在这一点上受到人们的质疑时（比如早期他在剑桥研讨会上就常常遭受这样的质疑），他总是回答如果有了正确的宏观经济学——也就是正确的需求政策，那么生产力的事儿自会有企业的经营者们去料理。

在20世纪20年代的背景下，也就是凯恩斯的思想逐渐形成的时候，这种立场还是能够站得住脚的，但是如今就不然了。在各种资源的生产力稳定地增长了一个世纪之后，生产力的发展已经趋于停滞，而在最近的10～15年里，各个主要发达国家的生产力实际上是在走下坡路。这种下滑开始于20世纪60年代，就在欧佩克成立之前。下滑的开始甚至早于通货膨胀率的迅速升高——事实上，通货膨胀率的升高在很大程度上就是由生产力的增长速度减慢造成的。生产力的发展减速也早于发达国家对生产性经济部门强加日益沉重的管制负担。的确，数量惊人的新管制规章，不管它们涉及的是环境、安全、雇用惯例还是别的什么，它们都严重地阻碍了生产力的发展。但这绝不是唯一的因素，甚至可能不是主要因素。

生产力已经变得很危险了，因为它们被忽视了。相信生产力会照顾好自己的不仅仅是凯恩斯一个人；管理者也越来越多地倾向于这种想法。但是，没有什么能比生产力的降低更危险了——它必定会导致经济的萎缩，会造成通胀压力、社会冲突以及相互猜疑。没有任何体制能够经受住资本或其他关键资源的生产力的萎缩。

因此，逆转生产力的下滑趋势就成了管理者的一项重大任务。对企业或者公共服务机构等重要组织的管理者来说，这是他们能够为平息动荡做出的一项最重大的贡献。与此同时，要想让自己的组织生存下去（更不要说还想着成功和繁荣了），管理者就必须坚持不懈地致力于生产力的提高。

在大多数的组织里，生产力都能够相对迅速地得到相当显著的提高。有一句非常古老的谚语说得好："一个人已经做到了的，其他人总是能够再次做到。"在每一个经济体系、每一个行业以及人类活动的每一个分支里，总是有生产力显著高于平均水平的组织存在。在任何一个行业、经济体系或者领域中，一家企业之所以能够鹤立鸡群，就是因为其生产力水平大约是所在的行业、经济体系或领域内平均生产力的两倍。而且最重要的是，领先企业总是在以大约两倍于平均水平的资本生产力进行经营。

资本最重要；资本就是未来。

例如在美国，通用电气公司（General Electric Company）就没有首先把自身的领导地位归功于科技进步。它们之所以能够领先于位居业内次席的最强劲的竞争对手西屋电气（Westinghouse），最重要的因素就是资本生产力。通用电气从1美元中得到的成果，大约是西屋电气的两倍。同样的道理也适用于西门子（Siemens）与欧洲其他电器企业的对比。而在英国，阿诺德·温斯托克（Arnold Weinstock）爵士也曾在10～15年的时间里，凭着使资本生产力加倍，成功地把苟延残喘的英国通用电气公司（British General Electric Company）变成了业内的领导者，却丝毫没有以任何方式"压榨"或"剥削"劳动力。温斯托克能够付给员工更高的工资，能够让他们拥有更稳定的工作，而这恰恰是因为他们的企业有着更高的资本生产力。还是在英国，连锁零售商马莎百货（Marks and Spencer）之所以能成为业内的领头羊，主要也是因为它们从单位货架空间或每平方米店面中创造出的销售额，大约是英国或欧洲其他零售商的两倍。对于这些更高的生产力来说，其中并没有什么秘密，有的只是不懈的、勤奋的、坚定的努力以及致力于生产力管理的承诺。

如今，这种承诺是发达国家中的所有管理者都必须具备的。要履行这种承诺，他们必须在组织中确立两个目标。第一个目标是要在接下来的 8～10 年内，让企业资金的生产力（即资本生产力）翻一番，使生产力的年增长率达到 7.5% 左右。第二个目标是要在接下来的 8～10 年内，在不增加员工人数的情况下，努力做到把产量至少提高 50%；这意味着他们必须以 4%～5% 的年增长率提高员工的生产力。这两个目标都是仅凭勤奋的努力就可以达到的。

为了提高生产力，有四种关键资源必须得到一贯的、系统的、尽责的管理。这四种资源是资本、决定性的有形资产、时间和知识，其中的每一种都必须得到单独的、不同的管理。

大多数的管理者都知道投资于本企业的资金每年大约要周转多少次。但是有很多管理者认为，这些资金是"我们自己的"还是"借来的"，是"债务"还是"资产净值"，这有很大的区别。事实上，资金的法定所有权人是谁或者其法律术语叫什么，这些都对资金的生产力毫无影响。资金就是资金——而且所有的资金，不管其来源或法律义务是什么，其成本大体上是相同的。此外，一个管理者必须要明确地知道这些资金都用在了企业的哪些方面——你不可能去管理一个总额。要管理资本生产力，第一步就是要知道企业中的所有资金实际上在哪里；然后，你可以开始管理重要的资本利用。在一家企业里，这些资金可能是应收账款，也就是企业提供给客户的贷款。一家非银行企业——比如一家制造企业——无法在提供贷款方面与银行竞争。企业必须同时负担银行以及自身获得和管理资金的成本。因此，当企业向一个客户提供一笔贷款时，它必须要想清楚自己期望得到什么回报——做到这一点的企业实在是太少了。不过，这些资金也可能存在于固定资产中，比如在零售商店的货架空间或销售场地中——在这种情况下，需要得到管理的是营业时间内每货架单元或货架空间的营业额和营业收入。或者，这些资金可能存在于昂贵的机器设备中——而且，没有什么会比昂贵机器设备的闲置更浪费资本了。然而，会计核算模式很少提供这些信息；实际上，在典型的成本核算系统中，"标准成本"的假定会隐瞒这些信息。在典型的大学里，资本投资——一种非常昂贵的投资——存在于教室和实验室的大楼中，而这些建筑每周只使用四五天，每天只使用几个小时。通过在周末、午后或夜间为学习热情非常高的成年人开设有效的继续教育课程，一所大学就可以在短短的几年时间里使自身的资本生产力加倍；如果这所大学处在城市环境中，那么情况就更是如此。但是，第一步也是最重要的一步始终是要找出资金在哪里。这些数据存在于会计核算模式的信息库中，并且可以相当容易地获得，只要高级管理者想要得到它们。

在资本、时间和知识这三种关键资源上，所有的组织都是类似的。

这三种资源是普遍的。但是，在决定性的有形资产这第四种关键资源上，不同的组织大不相同。对铜线制造商来说，铜锭是非常重要的原料；但对医院而言，铜锭可能毫无价值，"患者用床"才是其关键设备。每一个组织都需要想清楚，适合于自己的关键有形设备或有形资产是什么。然后，管理这些设备或资产就应该相当容易了。例如，在认识到"医院用床"对其来说是一个没有意义的术语之后，各家医院都已经大大地提高了决定性的有形资产的生产力。"医院用床"有很多不同的种类。比如，急性患者需要的医院用床就非常不同于产妇（并不是患者）需要的，不同于住院等待诊断和术后恢复的患者需要的，也不同于患者等待打到脚踝上的石膏变干时需要的。

大多数的管理者认为，他们企业的关键有形资产是显而易见的。然而就像医院的例子所表明的那样，关键有形资产的确定是有风险的，而且可能是一个非常困难的决定。就像所有的资源一样，关键有形资产也要求生产力目标，而且这些目标要附带最后期限以及从结果到期望的反馈。企业在这一领域究竟能够取得多大的成果呢？在欧佩克首次提高石油价格后，少数认真地致力于提高能源生产力的企业已经做出了榜样。早在欧佩克成立的很久以前，美国的陶氏化学公司（Dow Chemical）就已经在能源节约方面享有了不同凡响的声誉。当欧佩克提高了石油的价格之后，陶氏化学公司就更是不遗余力地加强对能源生产力的管理。因此，在1974～1979年的6年时间里，该公司成功地把自身的能源需求削减了一半，并且没有增加任何其他资源的耗费。这意味着该公司的能源生产力每年提高了8%～10%。

知识工作者的生产力

要管理好人员的生产力，尤其是那些可能最富有成果但也最昂贵的高素质人才的生产力，管理者必须知道该给他们分配什么样的任务。仅仅知道张三或李四可以胜任会计工作是不够的；如果他可以胜任（否则的话他就根本不应该从事会计工作），那我们就必须还要明确地知道具体该让他做什么。人力资源的生产力，尤其是知识工作者的生产力，要求我们把人员指派到能让他们干出成果的岗位上去，而不是让他们担任无论干得多好他们的技能和知识都不能创造出成果的工作。对技术工人的生产力而言，分配控制是关键。

首先，这要求我们了解不同员工的优点，尤其是那些有可靠业绩记录的员工。他们擅长做什么？他们适合于哪些职位？其次，这要求我们要尽可能地把员工指派到能够让他们发挥优点并创造出成果的岗位上去。我们要让员工得到机会，得到那些恰好适合于他们的机会。在一个世纪前，当弗雷德里克 W. 泰勒开始让体力劳动变得富有成果时，他认为对具体的人工操作来说会有"一种正确的方式"，它将适合于绝大多数从事这项劳动的人。他假定大多数人都是"能力一般的人"。但是，他的这一假定已经被证明是错误的，尤其是对要求技能和知识的工作而言。当我们所说的工作不仅仅要求完成日常事务、服从指示、重复简单动作时，我们就必须假定有那么很少的一部分人有能力创造出与众不同的成果——无论在数量上还是在质量上都显著地高于平均水平。然后，我们要负责给这些人安排最适合的工作，力图使他们的特殊优点能够创造出格外巨大、不同寻常的成果。

管理者需要认识到，企业付给他们薪水是希望他们能够让同样领薪水的员工各尽其职。管理者有责任每隔6个月或9个月就问问组织中的任何一个人（首先是自己，然后是上司，再然后是同事，最后是自己的下属）："在这个组织里，我们所做的以及我所做的哪些事情有助于你完成自己的本职工作？又有哪些事情会妨碍你？"

这些问题应该对每一个人提出。大多数的管理者都以为，他们总是知道该怎样最合理地安排日常工作，不管是机器步调的工作还是文书工作，但实际上并非如此。每当我们问一个人该问题时，我们发现妨碍他的事情有很多，而真正对他有帮助的事情却非常少。

对日常事务之外的任何其他经营活动而言，这个问题都是绝对紧要的。首先你必须假定，干活的人要比任何别的人都更了解什么可以让自己更有成果，什么有帮助或者没帮助。其次你要假定，要想充分地发挥创造成果的能力，拥有知识和技能的人需要负起责任。管理者的职责就是充当一种资源，激发并强化员工完成任务的动力和渴望，因为只有员工才最了解"生产力"对他们的工作来说究竟指的是什么。换句话说，如果不问这样的问题，动力和热情就会熄灭。即使是在日常工作中——就像泰勒最早认识到的那样——也只有从事那项工作的人才是真正的"专家"。

最后，人员的生产力要求持续不断地学习，就像日本人曾经教给我们的那样。这要求我们不断地给员工提出挑战，促使他们思考怎样才能改善自己已经在做的工作。这要求我们西方吸收禅宗的学习观念：一个人应该为了把自己已经知道怎样做好的事情做得更好而学习。⊖当然，这要以工作小组中存在足够的心理安全感为前提，这样员工就不会害怕这可能导致自己或者邻近机器上或旁边办公室中的同事和邻居失业了。就雇主而言，这要求他们尽力地预见员工冗余并致力于员工的培训和安置。但最重要的是，这要求管理者要乐于系统地征询员工的意见，乐于倾听他们的回答。管理者需要接受这样一个事实：干活的人很可能要比监督的人更了解这项工作——或者至少是更了解这项工作的某些不同侧面。这对那些靠知识和技能工作的人尤其重要。根据定义，技术工人必须要比周围其他的人更了解自己的工作，否则就得说他的知识或技能不够。

当然，高级管理者知道他们必须管理生产力。但是，他们当中的大多数人以为，这不过意味着找到一种低产出的资源与一种高产出的资源之间的"平衡"。例如，大多数的高级管理者以及很多经济学家都认为，管理生产力就意味着以高产出的资本设备替代更昂贵且低产出的劳动力，或者反过来。

几乎没有什么证据表明，作为提高总体生产力的一种方法，这种"平衡"真的奏效过。很多企业试图通过安装计算机来减少职员的雇用，但没有几家得偿所愿；大多数使用了计算机的企业发现，它们现在需要更多、更高薪的职员，尽管它们把这些职员叫作"操作员"或者"程序

⊖ 请参见拙著《管理：使命、责任、实践》（*Management: Tasks, Responsibilities, Practices*, New York: Harper & Row, 1974; London: Wm. Heine-mann, 1974）。

员"。同样，过去人们认为"自动化"会导致大规模的失业，但如今这样的担心也已经被证明是普遍错误的；自动化能够做到的，不过是把就业从薪水相当低的体力劳动转向薪水高得多的技术工作或专业工作。计算机和自动化往往都促成了更高的生产力，但并不是因为所谓的"平衡"。西蒙·库兹涅茨（Simon Kuznets）能够获得1971年的诺贝尔经济学奖，这在很大程度上要归功于他对生产力的研究——这些细致的研究揭示了一些完全不同的东西。实际上，美国经济在20世纪的迅速扩张正是依靠日益增加的资本投资，尤其是依靠日益提高的资本生产力。但是，就业率的上升就像资本投资的增加一样迅速。而且，因为有了更高的总体生产力，工资的增长甚至更加迅速。

因此，生产力的替代理论始终受到怀疑，尽管它很流行。从今往后，它将完全不起作用；从今往后，所有的资源都将必须以更高的生产力为管理的目标。管理者将必须承认，以一种资源的生产力降低来换取另一种资源的生产力提高，这无法让他们获得更高的总体生产力。此外他们还必须承认，任何一种资源的生产力降低，都可能导致无法轻易抵消的总体生产力的降低。

与体力劳动不同，知识工作不能被资本投资替代。正相反，资本投资会加大对知识工作的需求。最早认识到这一点的是医院和大学。在医院，更多的资本投资并不会带来劳动力的节约；相反，这会引起医院对新的、更高薪的劳动力的需求。显微外科手术、肾透析或者预防休克的加强治疗都需要昂贵的资本设备，而这些设备必然需要训练有素的人员来操作。医院里的非技术工作大多已经被机器取代了，例如，我们有了自动化的洗碗机。因此，现代的医院雇来扫地和擦窗户的员工，平均每个病床的人数仅为20世纪30年代的1/3。但是，非技术或半技术工作中的劳动力节约，远远不能抵消巨大的资本投资所引起的技术工作中的人员需求。在大学里也出现了同样的情况。这些在50年前还只是劳动密集型而非资本密集型的组织，如今却既是劳动密集型的，也是资本密集型的——这样的事实在很大程度上可以解释为什么医疗保健和高等教育的费用上涨得格外迅速。然而，医院和大学的管理者都是直到最近才认识到这一点的。过去他们一直认为，资本投资会"节约劳动力"。换句话说，资本投资会牺牲"资本"来"换取""劳动力"的节省。但这并没有奏效。

即使是在制造业里，以资本换取劳动力节约的做法也并非总是奏效。造纸行业就是一个例证。在1929年，造纸行业中1美元的投资每年可以创造出价值约为3美元的纸产品。资本周转是很有成果的，每年会增长到原来的3倍左右。到了1980年，造纸行业的资本生产力已经显著降低，每年创造价值1美元的适销纸产品需要3美元的资本投资——现在的资本生产力仅为50年前的1/9。但是，现在造纸厂生产一吨纸所需的人员数量仍旧是50年前的2/5。换句话说，尽管大规模的机械化已经使造纸业中劳动力的生产力得到了显著的提高，但这种提高却远远抵不上资本生产力的降低。替代也没有奏效。

钢铁厂有过同样的经历，汽车制造厂也是。克莱斯勒（Chrysler）之所以会陷入困境，一个原因可能就是失败的或者说不太成功的资本投资对劳动力的"替代"导致了总体生产力的降低。的确，在发达国家里，传统工作中即将来临的人员短缺会让自动化变得越来越有吸引力，越来越必要。但是，除非资本生产力也同时得到显著的提高，否则劳动力的节约就几乎肯定会被证明是一种假象。无论在什么地方，只要"劳动力"指的是技术型人才、知识型人才、管理和专业人才，那么这样的节约就根本不可能存在。要提高"劳动力"的生产力，唯一的办法就是提高人员的生产力——也就是时间的生产力和知识的生产力。

因此，管理者必须分别管理资本、决定性的有形资产、时间和知识等四种关键资源的生产力。但是说到底，最要紧的还是特定组织在利用这些资源时的总体生产力。真正重要的是特定工厂、商店、银行、医院、学校、办公室的总体生产力，是特定企业或机构中需要管理者去提高的各种要素的总体生产力，是动荡时期特定组织的管理者必须全力保证的各种资源的生产力的稳步提升。

生存成本与利润错觉

管理基本要素，这包括在今天挣出明天的生存成本。一个不能挣出这些成本的企业注定会衰落直至消失。这些成本并非"预期成本"；它们是现在引起的成本，尽管并不需要现在就支付。它们是"累计成本"或"递延成本"——我们早就已经认识到，它们是必须要在企业的往来账目上列出的真实成本。一家不能为生存挣出累计成本的企业会耗尽积蓄，会背叛其首要的社会责任：社会把资源托付给了企业及其管理层，企业就有责任保持这些资源创造财富和就业机会的能力。

已经被人们挂在了嘴上的"利润"是一种会计假象。除了极少数像欧佩克这样的政府垄断，其他情况下不存在利润——存在的只是生存所需的递延成本。首先，资本是一种资源。而就像现在我们都已经知道的，没有"免费的"资源。因此，企业生存的最小成本就是资本成本。

但是，经济活动本身就有递延成本或者说生存成本——企业必须在今天就把这些成本挣出来，这样才能保证明天的生存。经济活动可以定义为当前资源的承诺——这些资源就像玉米种子一样，必定会引发对未来收获的期望。对未来的期望总是伴随着风险，而且是很大的风险；目前还没有哪一种经济活动会没有风险，这就像种地必须要把今年的收获留出一部分来作为明年的种子。经济发展意味着要能够承受更大、更复杂的风险，要能够以当前的资源应对更长的发展时期以及变化和创新所带来的更大的不确定性。因此，经济发展要依赖于一个经济体的资本形成能力——也就是创造出比过去和现在的成本更多的额外产出的能力。

但是，经济发展还意味着以知识和技能替代肌肉和汗水的能力。这意味着创造未来的职位——更多且更好的职位。而正如我们所知道的，这也主要依赖于资本形成率，以及我们不断地对未来职位的形成加大投资的能力。一个职位的知识含量越高，它需要的资本投资就越多。这直接要求对设备和机器的资本投资——一支铅笔的成本与一个手持计算器的成本之间的巨大飞跃，可以指示职位资本需求的猛增。这甚至还间接要求更多其他形式的资本——存在于人力资源及其教育和培养的资本形成中日益上涨的高投资。如今，刚刚毕业的年轻工程师大多只有二十几岁，第一次走上工作岗位的他们所需要的直接和间接资本投资（一部分由雇主提供，另一部分由家庭和纳税人提供），大约是60年前他们的祖辈从学徒变成新手木匠所需投资的25倍。而到了这些工程师的下一代，所需的总资本将很可能是现在其父辈所需的5～10倍。换句话说，在所有的发达国家里，都存在着对显著增长的资本投资的需求，以便为如今的年轻人以及他们的期望提供未来的职位。

仅仅赚够过去和现在的成本是不够的。当一家企业抵消了会计核算模式的成本也就是已支付成本时，它并没有达到"盈亏平衡"。生存成本已经产生了——只是还没有被支付。这些应付款项的确定，或许无法达到会计师确定已支付成本时所能达到的精确度。但是只要在合理的概率范围内，使用与大多数会计数字（比如固定资产、专利权或债权的估价）相同的误差范围，那么它们就会很容易确定。事实上，确定生存成本所能达到的精确度，要显著高于传统的资产负债表和利润表中大部分数字的精确度。在市场经济中，生存成本永远也不可能低于资本成本——自从有了100多年前英国经济学家阿尔弗雷德·马歇尔（Alfred Marshall）的早期成果以来，这一直就是经济学中的一条公理。根据定义，如果一家企业所赚到的钱少于现行的资本价格，那么该企业就是在赤字经营，就是在预支未来。

如果我们说的是一个农民吃光了来年播种需要的种子，那么人人都会接受上述的道理。我们之所以会在说到企业时拒绝接受这个道理，这在很大程度上是由"利润"的错觉造成的。人人都知道农民的种子不是利润，即使它是过剩的。但是包括企业的高级管理者在内，没有谁深刻地认识到企业报表中报告的"利润"也不是真正的利润；那其实就是"种子"，是企业的"生存成本"——一种绝对真实的成本，尽管是递延的。

在动荡时期，对资本形成的需求必定会增长，即使仅仅是因为动荡时期意味着现有资源对未来的承诺具有更大的不确定性和更高的风险溢价。但是我们知道，未来充满了巨大的变革和创新，包括社会方面和科技方面的——这同样意味着未来更大的风险。最后，在所有的发达国家里，都正在发生向着需要更高资本投资的技术工作的转移。在发展中国家里，未来的职位需求（主要是制造业的）所要求的资本投资，其总额将远远超出当前任何一个人的想象，尽管对单个职位的投资仍旧相当低。

与此同时，对资本形成的阻碍也非常大，并且正变得越来越大。在所有的发达国家里，资本形成正在急剧下降。当然，一个原因就是通货膨胀会破坏资本。公众可以凭直觉感受到这一点——这也可以解释为什么在通货膨胀期间人们倾向于提高储蓄率，尽管"常识"会告诉他们不该存钱而该买东西。就算没有经济学家的帮助，公众也能意识到为了维持下去，他们必须再多存些钱，即使他们的存款正在贬值。

在发达国家里，还有一些结构性和永久性的变化也倾向于压低资本形成率。50多年前，通过证明现代经济在一定条件下会有"储蓄过度"的倾向，所以政府需要抑制资本形成而鼓励消费，凯恩斯彻底推翻了传统的经济学。如今，因为人口结构发生了改变，㊀我们应当预期各个发达

㊀ 请参见本书第3章或拙著《看不见的革命》（*The Unseen Revolution: How Pension Fund Socialism Came to America*, New York: Harper & Row, 1976; London: Wm. Heinemann, 1976）。

国家将长时间受"储蓄不足"的内在倾向控制（这与凯恩斯为他那个时代做出的诊断截然相反，但也同样与古典经济学相矛盾）。甚至是在像日本或德国这样的个人储蓄率很高的国家里，也将会有越来越多的个人储蓄不再是"资本形成"，而仅仅是"延迟消费"。

在所有的发达国家里，大部分的个人储蓄都是退休基金，而且其比重还在日益增大。就目前而言，这些基金都是由政府收集的——无论在哪里，即使是在像美国和英国这样拥有相当大的私营退休金系统的国家里，这也是比重最大的一部分——所以仅仅对个人来说它们才是"储蓄"。对政府而言，它们可以马上变成"支出"。但是对于目前已经花光了政府收集的那部分退休金的退休者来说，流入私营退休金计划的大部分资金也要流回他们手中。"个人储蓄"的另一个主要部分是对家庭住宅的投资。住宅是一种耐用消费品，尽管它有着很高的转售价值。住宅不是一种用来创造经济价值或财富的"资本货物"，住宅投资也不是"资本形成"。社会变得越富裕，通过工资和薪水来领受国民收入的普通大众就变得越多，而等同于资本形成的个人储蓄就变得越少。社会在延长个人寿命方面做得越成功，靠个人创造的真实的资本形成的比率就必然会越低。

资本形成率的下降还有其他一些原因：经营的流动成本迅速增长；政府官僚作风的加重极大地增加了经济的成本负担；管制加强了；转移支付增加了（无论是为了环境和安全的，还是为了社会政策目标的）。所有这些都增加了经营的成本，从而阻碍了企业挣出生存成本的能力。但是基本的转变是结构性的，是人口结构和人口动态的转变。由于这种转变,老年人已经变成了成年人口当中增长最快的群体,而这强烈地影响着储蓄率。(参见后面的第 3 章。)这种转变使得发达社会的资本形成越来越依赖于非政府组织——当然主要是企业——挣出生存成本的能力,也就是提供"种子"的能力。

就像对大多数的经济学家而言一样,这对大多数的企业经营者来说也是显而易见的。因此,企业经营者和经济学家就越来越担心资本形成,越来越清醒地意识到如今企业赚回生存成本的速度太慢。但是对公众、政治家、工会的领导者甚至是组织的高层来说,这个显而易见的事实是根本看不见的——至于从生产车间到销售管理或产品研发等职能或技术领域的员工,那就更不用说了。这个事实被非常流行的"利润"的花言巧语模糊了。我们被告知,"利润"是给投资者的"回报"。我们被告知,"利润"是过去投资的收益。再也没有什么比这更背离事实了。这些容易让人误解的所谓"利润",其实是真正的成本,是企业和经济的未来成本。当利润率低于资本成本时,利润就根本不是"盈利",而是亏损——无论对企业还是对整个经济而言。

抵消成本无疑是一种管理职责。迄今为止,还不曾有谁对此表示过异议。因此,管理者有责任给企业赚回生存成本。

由此可以得出的一个推论是:医院、大学、各种公共服务机构等第三部门(third sector)的"非营利"组织,也需要把生存成本视为其营业成本的一部分。目前,这些组织都把营业收入扣除营业成本后的盈余视为其本不该赚的"利润"。为此,它们隐瞒自己的真实成本。但是这样一来,它们也危及自身的前途,并且给社会以及整个经济创造财富的能力增加了负担。只要第三部门是收益甚微的，这种做法就可以原谅。但是如今在大多数的发达国家里，所谓的第三部门远远不止是"微弱收益"，而是至少占到了国民产值的 1/4。如今，我们需要知道第三部门组织的赤字究竟有多大。

公共服务机构把生存成本视为"将来的成本"而不是当前经营的成本，其危险可以从英国国民医疗服务制度（British National Health Service）的失败得到生动的例证——从 20 世纪 50 年代至今，这一失败给英国造成了巨大的医院基础建设成本，这是广为人知并且已经得到证实。在这期间的大多数时间里，因为有纳税人支付全部成本，所以医疗服务账户都被认为是"收支平衡"的。但是实际上，这一服务体系在运转中隐藏着巨大的赤字。结果，如今在英国的很多地区，当患者要做所谓的"非急需实施的手术"时，如果其所患的疾病本身不会由于推迟治疗而恶化，那么即使患者在遭受病痛的折磨，他也得等上很长一段时间，而且更要命的是，这个等待期还在变得越来越长。在英国，私人医疗保险已经成为最受欢迎且发展最快的员工福利。它不是用来支付医药治疗或手术的——那是医疗服务体系的事儿，它是用来为"插队"付钱的。这当然是直接否定了国民医疗服务制度建立的前提。的确，私人医疗保险在英国的爆炸性增长预示了国民医疗服务制度的彻底失败——之所以会有这次毫无必要的失败，完全是因为主管者拒绝把生存成本视为正当成本，甚至根本就不认为它们是"成本"。

赤字就是赤字，不管它是由肥皂制造商、大学或医院引起的，还是由童子军引起的。从管理和创业的角度来说，这些都是截然不同的组织；而从经济学的角度来说，这些组织之间的唯一差别就是税务员对待它们的方式不同。很多"非营利"组织应该列出在传统会计核算中被视为丰厚"利润"的东西，也就是当期收入（不管来源）扣除当期支出后的大量盈余；在很多公共服务机构里，生存成本其实是非常高的。大学和医院都是很好的例子，都几乎注定要在今后的几十年里经受相当迅猛的变革。然而，尽管生存成本是确实的、可以测量的，但只要它们被视为"利润"，第三部门的"非营利"组织就不会得到面向绩效和服务的管理，就一定会管理不善。我们可能会选择靠来自纳税人的政府补贴来经营其中的很多组织；至于剩下的那些，我们可能想让它们继续依赖于私人慈善事业。但是，这些组织的管理层有责任让他们自己以及社会知道组织的赤字究竟有多大——他们有责任让自己以及社会知道组织的真实成本，即使并没有人指望他们挣出这些成本。

对所有的管理者来说，了解生存成本并把它们视为真实成本，这是一项基本职责。首先，这意味着其组织的财务数字应该根据通货膨胀做出调整，以便他们了解组织真实的经济状况。其次，这意味着管理者应该承认他们的经营是亏损的，除非当期收入扣除了过去和当前成本后的盈余，可以抵消组织以当前市场价格利用的所有资金的资本成本。这里我要再说一次：资本成本永远是企业生存的最小成本。

此外，想清楚生存成本，以便准备出或者至少确定出那些可能会或一定会超过资本成本市场价格的成本，这也是管理者不可推卸的职责。

在接下来的几年里，就像前面已经提到的那样，医院和大学的生存成本几乎一定会高于资本成本。但是，对于那些既需要大量的资本来支持新的流程和自动化，同时又需要非常高的环境和安全投资以及节能技术投资的企业（比如传统的钢铁厂）来说，生存成本也一定会大幅度地上升。在当期收入已经准备出了这些成本之前，企业就还没有达到"盈亏平衡"。

另外，企业还迫切需要根据经济现实来调整高级管理者的薪酬。只要高级管理者可以基于报告"利润"来得到额外的薪酬，他们就会拒绝改变他们报告收益的方式。在当期收益足以支付生存成本之前，企业就根本不应该向管理者支付基于利润的额外薪酬。拒绝透露企业还没有挣够生存成本的事实，这就是欺骗。基于不存在的利润付给自己"奖金"，这就是贪污。

但最重要的是，管理者需要改变花言巧语和产生误导的会计数字的滥用。管理者必须要向股东、向公众、向纳税人报告生存成本。在他们的报告中，管理者必须更多地强调他们有责任挣出风险成本、变化成本、创新成本以及为今天的年轻人和职场新人准备未来职位的成本。要想做到这些，他们就必须首先确保他们借以实施管理的企业会计数字反映了事实而不是"利润"错觉。

对世界经济以及其中每一个国家的经济来说，仅次于生产力下降的另一个最大的危险是资本形成的下降。在所有的国家里，对"利润"的抵制都日趋强烈；而只要我们试图用"谋利动机"（至今尚无丝毫的证据）或"给投资者的回报"来解释利润，这种抵制就会继续增强。除非管理者在每次着眼数字时都能清醒地告诉自己，其中没有"利润"而只有"生存成本"，否则他们就会继续谈论那些迷惑人的废话——不过这最终只会迷惑他们自己。人们会察觉到自己正在受到愚弄。

在美国，证券交易委员会（SEC）近几年来一直尝试让会计师们预先估计利润。这不太可能奏效。未来收入总是很难估计；在动荡时期，在未来的两三年里，即使是对发展方向的估计也只能是在正负50%的误差范围内。但是，我们能够以很高的概率准确地估计出未来好几年内的生存成本，因为它们不是"预期成本"而是"递延成本"。证券交易委员会能够为美国经济以及整个自由经济做出的最大贡献，莫过于要求受他们审计和认证的会计师们估计生存成本（以资本成本为最低限度），并将其作为真实成本包含在组织发布的报告中。

但是高级管理者们——无论是在企业中的还是在公共服务机构中的——最好别干等着证券交易委员会和会计师们采取行动。他们应该立刻就开始管理生存成本并将其视为真实成本，否则在动荡的通货膨胀时期，他们很可能就会发现，在逐年地报告了"创纪录的利润"之后，他们的企业正在真实亏损的重压之下渐渐沉没。

CHAPTER 2 | 第2章

面向明天的管理

基本要素属于今天的企业。但是,所有的组织都生存和运行在两个不同的时段:今天和明天。明天正在变成今天,而且大多数情况下是不可逆转的。因此,管理者总是不得不同时管理今天(基本要素)和明天。在动荡时期,管理者不能想当然地以为明天就是今天的延伸。正相反,他们必须面向变化进行管理;变化既是机会也是威胁。

把资源向成果集中

在动荡时期,企业必须保持"瘦而有肉",必须要既能承受压力又能迅速行动以抓住机会。如果这样的动荡时期是在多年的相对平静、轻松和可预测的状态之后,那么这就显得尤其重要。除非受到考验和挑战，否则任何一个组织都倾向于变得松懈、懒散、不集中。组织会倾向于根据惯性和常规来配置资源，而不是根据成果。最要紧的是，每一个组织都倾向于避免不愉快，而最让人不快、最不受欢迎的就是把资源向成果集中，因为那总是意味着说"不"。

在动荡时期，无论是企业还是公共服务机构，任何一个组织都需要控制自己的资源配置。它需要考虑清楚成果有可能产生于何处；它需要知道优良而富有成果的内在资源，尤其是优良而富有成果的人才。要想把这些资源集中投向实际的和潜在的成果，组织需要付出有条理、有秩序、不间断的努力。"喂饱机会，饿死难题"，这就是准则。而且，资源只有集中才能富有成果；资源的分散和破碎抑制成果的产生。

要实现对资源配置的控制和资源集中，一种方法是准备两套预算：一套是经营预算，是为已经在落实的目标准备的；另一套是机会预算，是为新的创业计划准备的。在篇幅上经营预算会比机会预算厚得多——即使是在一家庞大的企业里，机会预算也很少会超过几页纸。尽管如此，最高管理层还是应该对两套预算投入同样多的时间，给予同样多的关注。对于这两套预算，管理者应该提出的问题非常不同。对于经营预算，管理者应该问问："这项努力和支出真的是不可避免的吗？如果不是，我们要怎样避免？"如果答案是肯定的，管理者就应该接着问问："要防止严重的运转失常，所需资源的最低限度是什么？"对于机会预算，首先应该问的是："这是对我们有利的好机会吗？"如果答案是肯定的，接下来就要问："这个机会能够吸收并充分利用的最适度的努力和资源是多少？谁是致力于此的合适人选？"经营预算总是应该以能够维持的最低限度准备资金。用决策论的术语来说，它应该"得到满足"而不是"尽量优化"。机会预算应该被尽量优化，也就是说，应该以追求努力和支出的最高收益率为目标。

但是，资源向成果的集中也要求组织系统地致力于所谓的"企业负担控制"，或者说是每当组织实施一项新的努力时，就要放弃一项不太有前途或不太有成果的原有努力。这对职员工作尤其重要，无论是在人力资源、市场营销或研发领域，还是在任何其他的职员领域。管理者总是应该问问该领域内的专家："为了从事这项新的活动，你打算放弃什么？"通常，除非有一项不太有成果的原有活动或努力正在被放弃，否则管理层就不应该批准一项新的活动或努力。就职员努力的情况而言，只有集中的努力才会产生成果。企业负担控制的原则同样也适用于新产品、产品线的增加以及额外的分销渠道等。

抛弃昨天

在多年的相对平静和可预测的状态之后，无论是企业还是公共服务机构，每一个组织都很可能被昨天的承诺所拖累。这些承诺包括：不再有贡献的产品或服务；当初看起来非常诱人但5年后的今天仍旧仅仅是有希望的收购或创业；没能转化为成果的创意；随着社会或经济的改变而丧失需求的产品或服务；因达到既定目标而变得过时的产品或服务。一艘在海上航行了很长一段时间的轮船，需要清除附着在船底的藤壶，否则这些贝壳动物的拖累就会影响船的速度和灵活性。一家在平静的商海中航行了很长一段时间的企业，同样也需要清除只耗资源不出成果的、已经变成了"昨天"的产品、服务和创业。

任何一家企业在任何时期都需要这样一种有计划的放弃策略，尤其是在动荡时期。每一种产品、每一项服务（对外的和对内的）、每一个流程、每一项活动，都需要每隔几年就接受这样一个问题的考验："就目前我们了解的情况而言，假如我们没有身在其中，我们还会进去吗？"如果答案是否定的，那么你不应该说："让我们再研究研究。"你应该说："我们怎样才能摆脱，或者至少我们怎样才能停止投入更多的资源？"

提出这些问题并根据答案采取行动的时机，不应该是组织陷入困境的时候，而应该是组织成功之时。因为在那时，组织最有可能把自己的资源分配给过去，分配给曾经产生了成果的东西，分配给曾经提出了挑战的目标，分配给曾经无法满足的需求。

在这种时候，抛弃昨天对非营利的公共服务机构来说尤其重要。在很多情况下，正是组织的成功使它们的计划、活动和服务变得过时了，没有成果了。但是在公共服务机构里，即使要放弃失败的、没有成果的计划也是非常困难的。对其中的大多数组织来说，要接受"成功总是意味着要抛弃已经实现的目标"这一事实，几乎是不可能的。公共服务机构不是"要求导向"的，而是"需求导向"的。根据定义，它们更关心的是"善举"以及"对社会"或"对道德"的贡献，而不是收益或成果。社会工作者总是会认为，他们帮助一个家庭摆脱社会救济的努力的失败，恰恰证明了他们需要投入更多的努力和资金。他们无法接受——

他们持续了半个世纪的失败，竟然意味着他们最好结束如此英勇的屡败屡战。校长们也无法接受他们早已实现了让所有的孩子来上学的古老目标，现在他们最好问问怎样才能让时间更短的学校教育更有成果，而不是继续徒劳无益地为更多的学生争取更长的就学时间。医院也"无法接受"其改善分娩的努力已经如此成功，以至于"产房"已不再属于为患者设立的医院，而是属于可以享用医院服务的"汽车旅馆"。

总的来说，没有几家公共服务机构试图彻底地考虑改变了的经营环境。大多数的机构都认为，它们所要做的一切就是更努力地工作和更多地筹集资金。

正是因为公共服务机构的成果是不容易衡量的，所以就更需要有条理的抛弃。这些组织需要系统地从昨天的努力中收回各种资源，包括资金，但最重要的是人力。无论如何，公共服务机构的管理者至少应该随时问问自己，他们应该怎样改变方法以完成组织最初就打算做到的。

但是在企业里，也有太多的高级管理者把他们的产品、服务和活动看成是"善举"，是"道德义务"，或者仁慈的"上帝"创造出来的某种东西，而不是短暂的、只要能产生成果并让顾客满意就无可非议的人类活动。乐于抛弃昨天的企业实在是太少了，而这样一来，为明天准备好了充足资源的企业也就少之又少。在动荡时期，一家企业必须既要能够经受住突如其来的猛烈打击，又要能够充分利用突然出现的大好机会。就这两方面而言，把资源向成果集中以及抛弃消耗资源但没有成果的过去，这两点都是最基本的要求。

管 理 增 长

每一家企业都需要管理增长。要做到这一点，企业需要增长战略。

在20世纪五六十年代，人们普遍认为一切都必须增长而且增长没有限度。在20世纪70年代，人们开始普遍相信增长已经永远地结束了。这两种想法都是错误的。

没有什么能永远增长，更不用说呈指数增长了。然而自18世纪初期以来，每隔大约50年，世界经济中的发达国家就要经历一个"投机兴起的10年"——在这10年中，增长就是一切，一切都被认为应该永远不断地增长。第一个这样的10年大约是在18世纪初，当时有南海泡沫事件（South Sea Bubble）和约翰·劳（John Law）的路易斯安那（Louisiana）计划。第二个这样的10年是在18世纪七八十年代。接下来的两个"投机兴起的10年"，分别出现在19世纪30年代和70年代。至少是在欧洲，1910年前后的投机热潮因第一次世界大战而终止了；而在美国，这股热潮一直持续到了1929年。再接下来，我们就经历了20世纪六七十年代的投机热潮。

这些"投机热潮"中的每一次都造成了严重的后遗症——在这期间，人人都相信增长已经永远地终止了。增长从未终止，我们也没有理由认为增长现在已经终止了。

但是在每个这样的时期，增长都会转向新的经营领域。因此，对一家企业来说变得非常重要的就是，要弄清楚适合于自身特定优点的增长领域在哪里，要把资源从已经不能再产生成果的领域转移到那些能够发现新机会的领域。

在每一个这样的时期，废弃的过程都会加速。在动荡时期，有条理地抛弃过去，系统地把资源集中，这两点都是任何增长战略的最基本要求。

在每一个这样的时期，对于企业和公共服务机构来说都同样重要的是，要确定自身必须实现多大的增长才可以保证不被排挤到市场的边缘。因为如果市场增长了，组织也必须随着增长——变得边缘化就意味着被淘汰。

克莱斯勒的政策为"不该做什么"提供了一个很好的例证。大约是在20世纪60年代，克莱斯勒汽车公司实际上就决定不再增长。它们没有足够的内部资源来支持增长，因此，假如要保持增长，它们就需要与别的企业合并——多半是与一家欧洲的企业合并。克莱斯勒没有这样做；相反，它们决定继续"保守"，变成业内的"一个因素"而不是"一个领导者"。事实证明这是一个灾难性的错误。汽车市场迅速增长，而到了1975年，克莱斯勒已经被排挤到了市场的边缘。尽管政府给予了大量的帮助，它们连生存都成了问题。在20世纪60年代，大众汽车（Volkswagen）在财务、产品、工程和市场营销等各个方面都比克莱斯勒差一大截。但是大众做出了随市场增长的决策。它们提出了"增长市场都在哪里"的问题，并集中力量去夺取其中的四个增长市场：欧洲大陆、巴西、墨西哥和美国。在这些地区，大众汽车努力地争取领导地位。而一心想变成一个世界性的平庸之辈的克莱斯勒，最终只是在变得边缘化方面取得了"成功"。

每当经济下滑时，一个边缘化的组织总是会下滑得格外厉害，而每当经济回升时，边缘化的组织又总是回升得格外缓慢。每经历一轮商业周期，边缘化的组织都会变得更虚弱。而且，一旦企业已经变得边缘化了，要想逆转这种下滑的趋势就变得极其困难——事实上，那几乎是不可能的。

在这种情况下，术语"边缘化"就是行业结构的问题。对旅馆行业来说，它的含义截然不同于化工行业。行业结构也会改变。30年前，在一个主要的全国性市场上做电器行业内的老二，这还是完全可以接受的。当时，作为各自市场中的第二大电器制造商，美国的西屋电气和德国通用电气（AEG）都有着非常不错的立足之地。而如今，一家企业必须要成为全球市场上的少数领导者之一。在电器行业的高级管理者当中，或许只有英国的阿诺德·温斯托克爵士明白这个道理。在20世纪六七十年代，通过兼并很多衰弱的边缘企业，并无情地抛弃其无法在其中达到领导地位的所有领域，温斯托克让英国通用电气公司得到了发展和壮大，使它变成了一家有生存能力的企业。就在他开始实施这一系列举措之时，很多在当时比他们要强大得多的企业（比如美国的西屋电气）都开始随波逐流，并随后变得越来越缺乏盈利能力和竞争力。

因此，最低限度的增长可能是生存所必需的。只要市场在增长或者行业结构在改变，企业的增长就必不可少。

一家企业必须要区分错误的增长和正确的增长，区分肌肉、脂肪和肿瘤。区分的原则很简单：能在短期内促使企业资源的总体生产力得到提高的任何增长都是健康的。这样的增长应该得到充分的支持。但是，只能导致规模扩大而不能在相对短的时间内促进总体生产力提高的增长，就是脂肪。一定量的脂肪或许是有必要的，但没有几家企业因为脂肪太少而患病。任何不能促使总体生产力提高的规模增长都应该重新减掉。最后，任何导致生产力下降的规模增长，就算不是致癌的也是会引起病变的肿瘤，应该迅速而彻底地通过手术切除。

管理创新和改变

就像在经济领域里一样，在科技领域里，从马歇尔计划到20世纪70年代早期的25年是一个非常迅速的增长期和发展期——当然，也是延续期。战后科技的最重要特征并不是创新，而是现代科技向世界各个地区的延伸——这是第二次世界大战期间现代化的军队带着现代化的武器和方法向最偏远的角落渗透的结果。除了像玻利维亚高原、阿尔巴尼亚或亚马孙丛林这样的偏僻角落，世界上几乎没有哪个地方是电话不能通达的，没有哪个地方的人们不知道电影或电视中的蘑菇云意味着什么，没有哪个地方的生活尚未受到电影和广播的彻底改造——远比19世纪铁路对人们生活的改造更彻底。

印度政府正在贯彻一项"小即是美"的政策，并且认为"甘地的一个重大失误就是拔苗助长"。然而对一个穿行在印度乡间的参观者来说，普遍的印象并不是由来已久的贫穷、疾病和痛苦。相反，让人印象深刻的是崭新的自行车停放在一间间低矮的茅屋外，开到最大音量的半导体收音机从路过的每一架牛车、驼车或象轿上发出刺耳的声音，乡村集市上的人群里外三层地挤在卖摩托车、小型拖拉机或电视机的店铺周围（尽管那里可能还收不到电视节目）。

但是，尽管科技的渗透在战后的 25 年里大大地加速了，科技本身在很大程度上则是在延续早已设计好的道路。20 世纪 50～70 年代的"新科技"，大体上都是基于第一次世界大战前——毫无疑问是在 1929 年之前——形成的科学和知识。两个重要的例外是计算机和计算机技术——尽管前者的很多基本概念和技术形成于 20 世纪 20 年代，而后者现在才开始产生实质性的影响。医学领域里的例外是 20 世纪五六十年代的"特效药"——它们的诞生要追溯到 20 世纪 40 年代，也就是第二次世界大战期间的研究成果。

在第二次世界大战结束后的 25 年里，一个不断重复的话题是科技进步的加速。但这在很大程度上是一种误解。真正被加速的是人们的科技进步意识。科技进步自身很可能根本就没有加速，甚至可能是变慢了。毫无疑问，在 1945～1975 年间，没有什么成果能够与 1856 年到第一次世界大战期间的科技进步相提并论。这些进步开始于合成染料的发现以及第一台实用发电机和打字机的设计，结束于莱特兄弟（Wright Brothers）的第一次动力飞行、李·德福雷斯特（Lee DeForest）发明的真空管以及为电子学和数据处理提供了基本概念（包括"数据"的概念）的符号逻辑。在那 60 年里，平均每 14～18 个月就有一项新的发明诞生，而且几乎立刻就能催生一个新的行业。而在 1947～1975 年间却只形成了两个真正的新行业：计算机和系统性药物——开始于 20 世纪 30

年代晚期的磺胺类药剂和40年代的抗生素。

下一个20年或25年，几乎肯定会更像1914年之前的那段时间，而不是1947～1975年的那段时间。如今，认为技术进步已经告一段落，甚至认为技术进步不值得追求并且能够被终止，这样的一些想法非常流行。这并不新鲜；这是技术进步加速时期人们的普遍反应。在19世纪30年代出现过这种反应——当时，捣毁机器、阻碍技术进步的勒德分子（Luddite）要远比创新者更引人注意。在19世纪90年代也出现过这种反应——在西方的历史中，这也是人们不再痴迷于科技的最后一个时期。但是就像19世纪的勒德分子和科技悲观主义者并未造成持久的影响一样，可以说，今天一些人对科技不切实际的抵制仍将是徒劳的。这可能导致严重的混乱。在19世纪90年代，H. G. 韦尔斯（H. G. Wells）那一代人对新科技的恐惧严重地阻碍了英国的发展，致使英国人确信他们将忠于19世纪的陈旧技术，因而在利用20世纪基于科学的新技术方面落后了。但这并没有阻挡，甚至都没有减慢世界性的科技推广和进步。这只是让科技以及经济领导地位转移到了新的地区。对如今在发达国家里出现的强烈抵制未来科技的行为而言，这也是唯一可能的结果。

现在人们普遍认为，从新知识到产品和服务的转化时间已经大大地缩短了。其实并非如此。转化时间在最近的三四十年里一直没有太大的变化。

在1856年，沃纳·西门子（Werner Siemens）发明了第一台实用发电机。在22年后的1878年，托马斯·爱迪生（Thomas Edison）发明了电灯泡，这让电力成为一项实用的技术。几年以后，西屋电气开发出了交流电动机，这使得电力成为工业生产的原动力。在1856年，威廉·亨利·珀金斯（William Henry Perkins）首次发现了从煤焦油中合成的苯胺染料。但是直到1880年，才由德国人改进了珀金斯的重要发现，建立起了现代染料工业。在1945年，也就是第二次世界大战结束之时，大型计算机已经发展成为一种实用的机器。30年后，也就是20世纪70年代中期，随着微处理器、集成电路和普通语言逻辑的出现，计算机才第一次成为一种日常工具。

按照这种三四十年的转化时间，又一次根本性的科技进步就在眼前。与第二次世界大战后的头25年不同，这次科技进步将是一次结构性的变革，而不是一次修正、扩展或发展。这一次，科技进步将转移到新的领域。

在这些将要发生结构性变革的领域当中，其中之一为电子学领域。在20世纪30年代晚期和40年代早期，基础性的科学知识已经形成。因此，20世纪80年代几乎一定会是一个充满科技影响和真正创新的时期。

一个重大的影响将会出现在通信领域。到目前为止，电子通信已经在很大程度上习惯了将语音、影像和图形作为截然不同的通信类型的传统定义。今后，电子学将越来越多地提供整体通信。到了20世纪80年代中期，商业通信卫星（由IBM、施乐和美国通信卫星公司合资研制）应该已经在美国投入运行。它将使语音、影像和图形（比如文档或图表）的同步即时传输成为可能。这将使处在地球表面上任何25个不同地方的人们，就像坐在同一间屋子里那样直接交谈并看到彼此，如果有必要，他们还可以在不离开办公室或自己家的情况下，同步地分享相同的报告、相同的文档和相同的图形。同等的通信能力可以在很多不同的系统中实现——比如英国邮政总局（British Post Office）以及贝尔电话系统公司（Bell Telephone System）在美国的竞争对手们正在开发的新型电话交换机。

这样一来，乘坐航班的商务旅行或许就会逐渐减少。在第二次世界大战后的增长期，这样的旅行曾经是众多增长行业中的一个。这种旅行应该会变得越来越不重要，尽管它的空间很可能会迅速地被出于度假、学习或纯粹好奇等原因的非商务旅行所抢占。不过，商务旅行应该会变得越来越没有必要。对高级管理者们来说，他们将不用再为了开碰头会而挪动自己沉重、慵懒的身体，不用再为此而呼吸着混浊的空气熬过令人麻木的时光。我们将越来越有能力做到"面见"某人却不必劳动他的大驾。

一个同等重要或者说更加重要的进步，将是用图形的电子传输取代沉重的纸张运输的能力。在20世纪60年代，因为预言了电子"信息"将取代印刷文字和图形信息等传统"媒体"，马歇尔·麦克卢汉（Marshall McLuhan）一时间名声大噪。这还没有发生，但它将会发生。与此相反，电子装置正在成为传播图形出版信息的主要渠道。以前，我们必须通过一个印刷流程把少量的油墨印到很有些分量的植物纤维上，然后要把大量沉重的植物纤维运到很远的地方，最后还要有人亲自把这些印刷品分发给每个订户——整个过程缓慢而又成本巨大。但是如今，几乎每个人的家中都有两个印刷厂：电话和电视。电话（已经被英国邮政总局用来传输图形）是一种简单、便宜的双向渠道。不过，它的图形质量很差，而且很可能不会再有什么改观了。电视则有着出色的图形质量；录像带也已经具备了优于大多数商业印刷机的图形质量。只是到目前为止，电视还仅仅容许单向通信。尽管如此，我们已经在这两种工具之间建立了一个传输图形的完整系统，它几乎将会延伸到发达国家中的每一个家庭。残存的障碍并不是技术或经济上的，而是法律和政治上的。同传统的方式相比，图形的电子传输极其廉价，更不用说还极其快捷了；传统方式能够存在的唯一理由，就是还没有替代者。我们可以充满自信地预计，在今后的 20 ~ 25 年里，我们今天所谓的报纸和杂志，大多数都将通过电子设备、通过电话或电视"印刷厂"来传播。

我们还可以期待健康护理领域中的重大科技进步。从 20 世纪 30 年代早期到 50 年代之前，克里克（Crick）和沃森（Watson）破译了遗传密码。这期间积累起来的新知识，将会促进作为生物化学和生物力学（或者说外科学）之补充的生物电子学和生物遗传学的发展，以及身体不会对其产生排斥的人造器官的发展。我们将会看到细胞染色体的基因操纵技术，会看到生物遗传学可以利用人体自身的动力学来改变或修正器官缺陷，不管这些缺陷是遗传的还是代谢机能紊乱造成的。这些新技术将不会取代传统医学，而是作为传统医学的补充。但是，它们很有可能会模糊"内科学"与"外科学"之间的差别。与内科学不同，它们涉及对人体的侵入；与外科学也不同，它们很有可能是不流血的，并且将调动人体自身的力量去完成矫正动作。

在1995年之前，"装配线"这一20世纪的"现代化"制造技术将在很大程度上已经消失，被真正的自动化所取代。"装配线"始终都是一种暂时性的折中方案，而不是一种永久性的解决办法；而且，它也不是一种优秀的工程技术。它没有充分发挥人的优势，相反却让人的优势屈从于机器的要求。事实上，尽管装配线非常引人注目并且具有重要的象征意义，它却从来没有利用过多少人力。即使是在第二次世界大战前后装配线的巅峰时期，美国的制造业所雇用的劳动力大概也仅有5%～8%是工作在装配线上的。当然，有非常多的人在从事装配，而且很可能还要继续干下去。但是，大多数的装配都不是"装配线"。例如，装配收音机、电视机、计算机或飞机的工人就不在"装配线"上工作。他们按自己的节奏和速度完成一项完整的工作任务，在很大程度上不受工作区域中他人进度的约束。在有些领域里，我们可以发挥人的特有优势——能够完成很多不同的操作，能够以不同的节奏和速度去完成，能够运用判断力。在这样的领域里，自动化不会有太大的作为。但是在有"装配线"的领域里，在人力被当作机器的一部分来使用的领域里，自动化显然会非常有价值。集成了程序化指令的数控机床将迅速地淘汰过时的"装配线"，因为数控机床能够做到装配线所无法做到的：它能改变自己正在加工的东西，并且能在很大程度上改变加工方式，却不会导致混乱以及代价极其高昂的停机。到20世纪末，至少是在发达国家里，"装配线"将成为历史。

总的来说，在10～15年内我们将看到一次重大的发展，其意义不亚于19世纪末电动机被集成到一台台的机器中。在1900年前后，任何一家制造厂、零售店甚至是办公室的照片，上面都会有把动力输送给机器的皮带轮、传送带或者是踏板。到了1930年，动力生产已经变成了机器自身的一部分。在1930年之前，缝纫机还是靠踏板动力来驱动的；但从那以后，它们就集成了电动机。直到1925年，纺织厂的锭子还要由一个中央来源提供动力；但从那之后，制造出的每一个锭子就都有了各自的小电动机。随后在1950年出现了打字机——如今，只有老年人或在校的大学生还在使用"手动"打字机；除了他们，几乎人人都在使用装有电动机的打字机。

今后，信息和控制将被越来越多地加入到机器中。就像最近75年里的电动机一样，计算机（就像微处理器一样）也将日益成为生产设备的一个重要部件。医疗和检测设备将拥有内嵌的处理器和控制器——无论是在健康护理部门、在工厂、在机场，还是在高高的飞机上。就像19世纪末和20世纪初电动机与机床的结合一样，信息处理和信息分析与操作工具的整合也是一次根本性的进步。而且，这会只需更短的时间。

新的信息技术可能还会改造银行业。主要面向交易和信息的消费银行业务可能会从银行服务企业和行业中分离出来，成为一个重要的行业。美国的零售巨头西尔斯百货（Sears Roebuck）已经收购了一些储蓄贷款合作社（Savings and Loan association）（一种消费金融机构），而且正在把它们打造成全国连锁的形式，主要面向美国家庭的需求。然而就信息和类似的金融服务而言，企业（尤其是跨国企业）的银行业务需求可能完全不同。昨天的"综合银行"，也就是向零售或家庭客户、商业客户以及大型企业等各种不同客户提供金融服务的银行，很可能会分离为高度专业化的、近于独立的不同机构，各自以不同的方式整合信息与金融服务。

上面给出的例子并不是一份清单，而是一个抽样。很显然，自第二次世界大战结束后的最近30年里积累起来的大量新知识，如今正在开始对科技产生影响。知识正在转化为成果，而这意味着快速的变革。科技变革仅仅是故事的一部分；社会变革和社会创新应该会同样重大。非常有可能的是，我们将会看到一个很多领域内都发生着快速变革的时代，不管公众对科技变革的态度如何。对变革的抵制或许会让我们付出很大的代价，却不太可能使变革放慢脚步。抵制或许意味着明天的经济领导地位将转向新的国家、新的行业。在19世纪后期，英国把自己的领导地位拱手让给了德国和美国。在第二次世界大战后的发展期，恰恰是因为日本人在很多方面都是技术落后的，所以他们才只能在高科技消费品这个被传统的西方工业忽略的领域里夺取了领导地位。这样的转移可能会再次发生，而且确实很可能。但这不会改变这样的事实：科技在迅速地进步；科技创新和社会创新都在加速，而且有可能改变整个经济和社会的结构。

此外，变革还很有可能促使有效经营所需的经济规模发生改变。在有些行业里，最佳规模可能会上升；而在另一些行业里，最佳规模可能会下降。从传统上来说，保持较小的规模更有利于创新。在昨天的科技中取得成功的大型企业，往往都倾向于采取守势而不是积极进攻。但是，明天的科技可能要求企业在相当早的阶段就提供非常巨大的资本投资。比如根据定义，通信系统就是非常庞大的系统。

在其他的领域里，最佳规模可能会变得更小。有人告诉我们，全球的钢铁行业处于严重的危机当中。但对于使用直接还原法把废铁转变成新钢铁的"小型钢铁厂"来说，情况并非如此。由于在最近这20～30年里我们生产出了数量非常巨大的钢铁，所以现在我们有那么多的废钢铁可以回收利用，以至于明天的钢铁需求在很大程度上可以通过重新利用昨天的钢铁产品来满足，而无须再去冶炼新开采出来的铁矿石。但是同传统的综合性钢铁厂比起来，利用废钢铁而不是铁矿石来生产钢铁的小型钢铁厂简直就是侏儒。

因此，在不同的行业里，有效经营的经济规模可能会朝着不同的方向发展。无论是通过把煤炭气化或液化、从油页岩或沥青砂中开发碳氢化合物，还是利用大规模的太阳能或风能系统，总之各种开发新能源的潜在新技术都要求巨大的规模和巨大的投资。但是在能源领域，也可能会出现非常小的设备，比如家用的太阳能收集器。

在出版行业，一个趋势无疑是朝向非常大的系统：一个全国性或世界性的图形电子传播系统当然会非常庞大。与此同时，每一部电话机或电视机向印刷厂的转变，也为规模的确很小的出版物提供了无限的机会——比如面向养蜂人的专业期刊，在美国的订户可能不会超过10 000人，在全球恐怕也不会超过25 000人。如果通过电视来传播，这样的一份期刊就很有可能具备经济上的生存能力。再次说到银行业的例子，我们很可能会同时看到两种情况。像很多的瑞士银行或者美国的克利夫兰信托公司（Cleveland Trust Company）这样的，已经在最近30年里表现得很成功的重要地区性银行，在明天其规模很有可能被证明是不合理的。而机会却同时存在于两个极端：一端是能够在全球范围内提供各种银行业务和信息服务的真正的"世界级"银行，另一端是高度专业化的首先面向地区需求的金融机构（一个这样的例子是最近30年中迅速发展起来的租赁公司）。在健康护理和教育领域里很可能也是这种情况，尤其是在教育领域里。在即将到来的下一个时期里，会有非常大规模和非常小规模的经济，但是没有中等规模的经济。

在过去，没有多少新行业是从已有的老行业中发展起来的。最近30年里出现的新行业，主要是由那些要么在第二次世界大战前还根本不存在、要么在当时还默默无闻的企业建立起来的。例如，直到1939年，IBM还只是一家非常小的公司，销售额只有几百万美元，刚刚雇用了第一位工程师。直到1950年，IBM看起来还一点儿都不像是一家会在计算机领域里成功的企业。它们既没有多少技术或科学的专业知识，也没有很重要的市场地位。像通用电气、美国无线电公司（Radio Corporation of America）和西屋电气这样的老牌电气企业，看起来肯定是"胜利者"。在欧洲，计算机领域的"胜利者"似乎也很可能是那些老牌企业，比如西门子、德国通用电气或飞利浦等。但是，IBM最终成为计算机领域中的领导者，而这在很大程度上是因为它们没有受到过去的拖累。

在所有第二次世界大战前期的著名化工企业中，如今只有赫斯特（Hoechst）在20世纪40年代发展起来的制药领域中占据了领导地位。

如今的其他领导者，比如罗氏制药（Hoffman-La Roche）、辉瑞（Pfizer）和默克（Merck），直到1950年时还都只是些小企业。

我们可以合理地推断，明天的很多巨头将是那些今天还不存在或者小得几乎不被人注意的企业。然而矛盾的是，明天的创新将必须出自那些在早期就已经非常庞大的企业。一个原因在于资本需求的增长。要促成一项基础性的发明创造，所需要的资金总额可能没什么变化。但是要把一项发明转化为一种产品或服务，所需要的资金、时间和努力就将是过去的很多倍，更不用说要把发明变成一个新的行业了。此外，这种转化还需要更多具有丰富专业技术的人才，尤其是在开发阶段——然而，这样的人才大多存在于现有的大型企业中。

因此，我们必须学会怎样让现有的企业尤其是大型企业具备创新能力。我们需要一种战略，它将能够让现有的企业首先找出创新的机会，然后在这样的创新中释放出有效的领导能力。仅仅扩展甚至修正现有的科技已经不能满足需要了。今后，我们需要的是切切实实地去创新，去创造可以带来财富的全新的技术能力和社会能力。

"创新"未必就意味着研究，因为研究仅仅是创新的一种手段。首先，创新意味着对昨天的系统性抛弃。其次，创新意味着对创新机会的系统性搜索——在一项技术、一个流程、一个市场的弱点中搜索；在新知识的转化时间中搜索；在市场的需求和要求中搜索。再次，创新意味着乐于面向创业精神来进行组织，乐于以创造新业务而不是创造新产品或改进老产品为目标。最后，创新意味着乐于在现有的管理体系之外单独地建立创新企业，乐于构造适合于经济学和创新控制的会计概念，以及适合于创新者的（非常不同的）薪酬政策。在将来，老牌企业要想成功甚至仅仅是生存，就必须把它们的创新发展成为重要的独立业务，就必须同样地致力于系统性地抛弃昨天的创业心态和建立创新所要求的财务和管理组织。

假定大企业行列中的更迭比率会非常高是绝对合理的。即使是在高度稳定的时期，比如在马歇尔计划到20世纪70年代早期之间的那25年里，也会有大约一半的"财富500强"企业在一个时代之内发生更迭——也就是说，其中有大约250家企业要么彻底消失，要么退出一流的行列。在动荡时期，经济的新陈代谢必定会加速。但是，那些面向创新来组织的大型企业会有优势：它们将具备在当前的科技和市场条件下这种创新所需的人才和资本资源。

面向明天的经营战略

在最近的25～30年里，"规划"的概念被证明是非常有成果的。你可以假定趋势会在一个相对狭小的范围内延续，而不是突然出现急剧的转变。你可以把今天作为出发点，并据此预测未来——这就是企业家、政治家和经济学家们通常所说的"规划"。你可以假定明天会是今天的继续，尽管可能是不同的"组合"，但基本结构没变。

如今，最有可能发生的假定是独特事件，它会彻底地改变结构。

独特事件无法"规划"。然而，它们是可以预见的，或者更确切地说，你可以准备利用它们。你可以准备面向明天的战略，来预见哪些领域里可能出现最重大的变革，从而使企业或公共服务机构能够利用意料之外和无法预见的事件。"规划"试图根据今天的趋势来优化明天，而"战略"旨在利用明天的新机会。

任何组织都需要在战略上思考它们在做什么、应该在做什么。它们需要想清楚客户为了什么掏钱给它们。什么是"我们"为客户创造的"价值"？这个应该得到强调的问题，对非营利的公共服务机构（不管是医院还是大学，是贸易协会还是红十字会）就像对企业一样重要。每一个组织都需要想清楚自身的优点是什么。这些优点适合于其特定业务吗？够用吗？是被用在它们能够产生成果的地方了吗？在当前以及今后的几年里，适合于这一特定业务的"市场"到底是什么？

通常，企业认为以"中庸"为目标的战略最舒服、风险最低而且足够有利可图——非营利的公共服务机构甚至更是如此。这种想法是错误的。在很多的市场中，你只有处在两个极端才能成功：要么是作为少数的市场领导者之一，可以设定标准；要么是作为一个专家，虽然只能提供范围很窄的产品或服务，却在知识、服务和适应特定需求方面具有突出的优势，因而能够独树一帜。处在中间的位置几乎都不理想甚至无法生存。

就在过去的几年里，凭着"巨大的销量和市场渗透本身就格外有利可图"的理论，波士顿咨询集团（Boston Consulting Group）已经引起了公众的广泛注意。这并不完全符合事实。真正有利可图的，要么是在一个广泛市场中成为领导者，要么是成为抢先占据一个狭窄的"利基市场"的专家。"市场领导地位"的含义不是销量的问题，而是行业或市场结构的问题，会因市场的不同而变化很大。

在极少数的世界性汽车企业中，每一家实质上都涵盖了整个业务范围。如果你们是其中的一家，那么你们就能够在全球的汽车行业中生存。但如果你们在美国是老三，那么你们就不能再生存下去了，就像克莱斯勒曾经尝试过的那样——尽管克莱斯勒当时也有巨大的销量。然而，成为这个市场中的一个专家，占据某个特定的"利基市场"来生产特定的产品，比如说吉普车或劳斯莱斯，这不仅是可行的，而且的确是有利可图的。克莱斯勒打算保持的那种中间位置，今后将再也不能站得住脚了。那些只想在区域市场中成为领导者的企业，正日益被排挤到市场的边缘。

图书出版领域同样也非常不同。图书出版不是一个"世界市场"的业务，即使这仅仅是因为语言障碍。尽管因为出版社需要有可用的发行系统，所以规模太小可能会导致非常不利的地位，但是规模或销量并不能带来很高的额外回报。图书出版要依靠编辑与若干作者的私交，然而没有哪一位编辑能同时与非常多的作者打交道。这给图书出版限定了一个最小经济规模，但是并没有给大型的出版社带来多大的优势。超过了最小规模之后，大型的出版社甚至可能非常不利，因为较大的规模可能会损害出版社对其首要客户（即作者）的吸引力。但是在出版行业里也有"专家"，也就是那些推出了大量学术专著的出版社。它们出版的每一本书都明确地面向世界范围内的专业读者，印数只有几百本，当然发行支出也最低——例如，德国的施普林格（Springer）、荷兰的埃尔塞维亚（Elsevier）和美国的西景（Westview）就都是这样的出版社。

公共服务机构可能同样会发现它们也面临着新的规模规范。例如在美国,作为"专家"的小型教派学院已经在最近这10年里表现得非常有优势。它们可以成功地把自身限定于狭窄的课程范围,可以把自身的资源集中于8～10门学科,可以在这些学科的范围内发挥小学院的优势,给学生们一种"在家"的感觉。学生们和全体教师都互相认识;他们给人一种纪律严明的感觉,他们中间洋溢着强烈的集体精神,以及致力于宗教、道德和学术的基本原则的献身精神。在规模尺度的另一端是非常巨大并且正在稳定增长的最小规模——如今,对传统的本科院校来说,这个最小规模可能保持在大约2500名学生。因此,像奥伯林(Oberlin)、波莫纳(Pomona)和卡尔顿(Carleton)等一些典型的"优秀"本科院校,它们是否真的能够继续生存下去就越来越值得怀疑了。对于这类院校来说,因为它们无法像小型的教派学院那样选择非常狭窄的课程范围,所以庞大的规模加上进入研究生院校的途径可能就成了生存的前提(作为进入研究生院校的途径,它们让毕业生有机会在语言、数学、表演艺术、形象艺术和科学等领域里进行更集中、更深入的学习和研究)。但是,在美国的高等教育中可能也存在一个最佳规模的上限。如果学生人数超过8000～10 000人,规模经济就会变得越来越不经济。一般管理费用要比学生注册人数增长得快,至于说比收入那就更快了。换句话说,在美国的高等教育结构中,"市场领导地位"是一个质量概念,数量则主要是最小规模和最佳规模方面的限制条件。

同样的原则也适用于医院。如今,美国医院的最小经济规模可能是大约200张床位。但是,在医院领域里也有一个最佳规模的上限,大约是 800 张床位——如果超过这个上限，一家医院就只会变得更昂贵而不是更有效。

因此，"行业领导地位"是质量以及向优势领域集中的问题，而不仅仅是规模的问题。正如教派学院的例子所表明的那样，对于占据着一个"利基市场"的真正的"专家"来说，几乎每一个领域里都会有其生存的空间。

在制药行业里，有一家典型的"专家"企业一直系统地寻找那些特殊的产品——它们没有太多的科技含量，却能让这家小企业在一个小得令大企业看不上眼的领域里占据领导地位。这家企业的第一个产品是一种酶，它能够略微地加快眼科医生施行白内障手术的速度，并且在一定程度上降低手术失败的风险。该企业的科学贡献非常小——无非就是延长了这种酶的保存期限。但是这种产品一经上市，市场中就再也没有其他竞争对手的立足之地了。假如已经有大型的制药企业进入这一市场，那该企业所能做的也只有拼命降价了。

无论是市场领导地位，还是我们所谓的"收费站"专业化，两种战略都能成功。没有立足之地的是处在中间的战略。试图把两者结合起来的战略几乎肯定不会达到目的。这两个领域要求不同的行为，提供不同的回报，适合于不同的脾性。然而，把很多单独的小产品结合在一家企业里，让其中的每一个都针对特定的市场，面向特定的专业化，预先占据各自独立的"收费站"位置，这却是可行的，而且往往是有利的。

任何一家企业都需要了解自身的优点并据此制定自己的战略。我们做什么做得好？我们在哪些领域里表现出色？大多数的企业和公共服务机构都认为，在每一个领域里都成为"领导者"是可能的。但是组织的优点总是特定的、独特的。一家企业只会因优点而得到回报，不会因缺点而让客户掏腰包。因此，企业首先要问的问题就是："我们的特定优点是什么？"然后要问的是："它们是合适的优点吗？它们适合于明天的机会吗？还是它们只适合于昨天的那些机会？是否在我们利用这些优点的领域里已经不再有机会，或者从来就没有过？最终，我们必须要获得哪些更多的优点？要想利用那些由人口特征、知识和科技以及世界经济的变化所导致的变革、机会和环境的动荡，我们必须补充哪些执行能力？"

在认真思考自身战略的过程中，一家企业需要同时研究专一化和多样化。我们知道什么样的组织可以创造出成果。从长远来看，最赚钱的企业是那些找到了恰当产品的单一产品企业，也就是像IBM或通用汽车那样的企业。从长远来看，最不赚钱的企业是那些选择了不当产品的单一产品企业——典型的例子就是发达国家中的传统钢铁行业。然而，那些围绕着统一性尤其是市场统一性的核心进行多样化经营的企业，会像选对了产品的单一产品企业一样赚钱和成功。在美国，强生公司（Johnson & Johnson）就是多样化经营的典型——它的业务范围非常广泛，从生产标准的日用品纱布，到提供高级的节育产品。但是，所有这些产品都是卫生保健消费品，都通过相同的分销渠道进入相同的市场。

从长远来看，集团企业，也就是那些无论在市场还是在科技方面都没有一个统一核心的多样化企业，会像那些选错了产品的单一产品企业一样不赚钱。做一个"聪明的投资者",在数量非常有限的不同业务领域里都占据支配地位,这当然是可能的,而且也肯定是有利可图的。一个这样的例子就是英国培生集团(English Pearson Group),其旗下有很多控股公司:多家报纸和杂志出版社、一家大型商业银行、一家建筑公司等。德国的弗里克集团(Flick)也是一个这样的例子,其在德国和美国的控股企业共有6家;英国的托马斯泰灵集团(Thomas Tilling)或者匹兹堡的美洲梅隆集团(American Mellons)也都是这种情况。这些投资者要集中于少数的企业,以便能够照顾到其中的每一家。他们要在这些企业里拥有足够多的股份,以便获得否决权。他们要致力于自己的投资。他们要参与重大决策,要确保他们的企业全面而彻底地思考他们的政策、目标和战略。他们要确保这些企业拥有第一流的管理。但是,这些企业并不是由他们来管理,而是由自主的职业经理人来管理。

但是,如果一个"集团企业"仅仅是一个企业集合,处在一个管理层的领导之下,有着很多类型非常不同的企业,却没有一个统一性的核心,那么就不能指望其会长期取得出色的成果和绩效,尤其是在动荡时期。

困难是可以预见的,或迟或早而已。对企业的熟悉和理解也非常重要;要实现这种熟悉和理解,不仅要靠财务分析,而且需要一个人的直觉。这种直觉的形成要靠他在一个相对狭窄的领域内的经验,靠某个行业、某种科技或某个市场的定性特征对他的长期熏陶。

然而,每一种"恰当"产品都迟早会变成"不当"产品。每一种产品都迟早会变成一种"日用品"。每一种产品都会变老并最终被淘汰。

没有哪一种产品能在三四十年后仍是一种"恰当的"产品。很显然，IBM 就处在其产品正渐渐变成"不当"产品的关头。甚至连美国电话公司（American Telephone Company）也正处在这样的时刻，尽管其一直精明地管理着自身的垄断地位。因此，一家企业必须多样化。

因此，一个关键性的战略决定就是何时以及怎样多样化。当一种产品或产品线还是恰当产品的时候，过早多样化的决定可能会危及一家企业的领导地位。但是，太迟了又会危及企业的生存。

给管理者的计分卡

目前，在管理研讨会和管理期刊上，"管理审计"饱受企业的支持者、批评者以及管制机构的争论。支持者通常赞成调查基本的管理层素质：管理层的道德和诚实、创造力、"社会价值观"、同情心等。"胡说八道，"反对者们反驳说，"唯一能算数的就是绩效，而绩效要靠盈亏数字来衡量。"

坦白地说，双方都是错误的。我们的确需要评价管理层。甚至很有可能的是，要不了多久，董事会将承担评价公开持股企业的管理层的法定义务。但同样正确的是，只有绩效能够评价。"管理审计"的支持者们所谈论的那些东西，比如诚实或创造力，最好留给小说家们。

然而，"盈亏数字"也不是一个衡量管理绩效的合适标准。盈亏数字衡量的是经营绩效而不是管理绩效。一家企业在今天的绩效，在很大程度上是因为以前的管理层在过去那些年里的绩效。

当然，今天的高级管理者绝不仅仅是过去的消极保管员。他们可以修正从过去继承来的决策。事实上，在发现这些过去的决策走入歧途时（就像对未来有影响的决策可能出错一样）抛弃它们，这是高级管理者最重要也最艰难的任务之一。但是，今天的高级管理者还负有创造企业未来的职责，而且从他们的努力到结果的转化时间正在变得越来越长，在有些领域里甚至达到 10 年以上。

因此，管理层的绩效在很大程度上意味着尽职尽责地使今天的企业为明天做好准备。这也正是企业需要测量——或者至少是评价——管理绩效的最主要原因，尤其是在动荡时期。

一家企业的未来主要是由四个领域内的当前管理绩效塑造成的——在其中的每一个领域里，管理层的绩效平均水平都能得到体现。在每一个领域里，管理层都能在知道记录之后大大地改善他们的绩效。

（1）**在划拨资本方面的绩效**　几乎每一家企业都有精心制定的资本划拨程序。在那些部门经理几乎拥有完全自主权的企业里，最高管理层仍旧把甚至相对很小的资本投资的最终决策权握在手中。大多数的管理层都在资本划拨决策上花了大量的时间，却没有多少管理层非常重视资本投资被批准之后发生了什么。在很多企业里甚至就根本没有办法知道。当然，如果一家投资数百万美元的新工厂落后于进度，或者建设成本大大地超出了最初的预算，那么人人都会知道。但是一旦工厂已经投产，就很少有人再比较工厂的绩效与当初的投资期望。那些较小的投资尽管在总数上同样重要，但决策一经做出，就很少再有人去管它们了。

然而，在检验管理层的能力和绩效的各种方法中，没有几种方法比检验管理层在资本划拨及其实际结果方面的绩效更有效。通用汽车公司在 50 年前就已经认识到了这一点；其用于监控管理层的资本投资决策绩效的系统在 1927 年被首次公开。

我们需要首先参照投资决策做出时的预期回报来测量投资回报，然后参照决策做出时的期望来测量投资决策对整个企业的回报和盈利能力的影响。要从资本划拨决策的结果中整理出这种反馈，是相当简单的。除了在规模最大、最复杂的企业里，这种反馈不需要计算机运行，而是在一张总分析表上就能完成。关键要素是决策做出后致力于期望的积极性，以及勇敢地面对实际结果时理性的诚实。

（2）**在人员决定方面的绩效**　人人都会同意，管理和专业人员的培养与任用是任何一个组织的最终控制。要想确保今天的决策将会带来成果，这是唯一的办法。从本质上来说，今天做出的关于未来的决策，也就是那些把今天的资源投注给未来不确定性的管理决策，几乎肯定会遇到困难。因此，一家企业必须要依赖于明天的决策者摆脱今天之决策的能力。然而，尽管被公认是至关重要的，这一领域却又往往被认为是"难以捉摸的"。但是，无论是企业对一个任职者的绩效期望，还是企业做出这一任命的理由，这两者都不是"难以捉摸的"。两者都无法量化，但都可以相对容易地判断。

当一项任命的结果不像预期的那么好时，我们可以确信的一件事是，做出遴选和任命决策的高级管理者做出了错误的决策，或者换句话说，他以错误的方式做出了这一决策。就像指责已经不能再对所投入的资金抱任何幻想的资本投资一样,指责提拔对象令人失望的晋升也没什么道理。知道人员决策是怎样做出的,并且参与这些决策的高级管理者不会指责被任命者,而是会自责。在他们选定的提拔对象当中,几乎没有几个被证明是不能胜任的。这些高级管理者从来不认为正确的人员决策是由"优秀的人员鉴赏家"做出的。他们知道,做出这些正确决策的是参与决策的人,尤其是那些保证他们已经考察了任命对象在实践中表现如何的高级管理者。

要评价一个组织的精神及其人员培养并不容易,更不用说要科学地检验了。但是要检验精神和培养的结果,换句话说就是要参照期望来评价人员决策的绩效,这却是相当容易的。这种检验和评价需要的仅仅是一个参照期望来评价结果的"计分卡"。

(3)**在创新方面的绩效** 你们期望从一项研究努力、一项开发计划、一项新业务或一种新产品中得到什么?一年、两年、三年、五年过后,实际的结果是什么?始终有人告诉我们,研究结果是无法预见或预测的。但是,它们是可以测量的,或者至少是可以评价的,然后就可以与研究努力开始时的期望进行对比。对开发计划、新业务、新产品、新市场以及任何别的创新来说也同样是这个道理。

即使是最有能力的管理层,或许最多也只能在创新方面达到 0.3 的命中率,也就是每三次尝试有一次成功。创新的结果是不确定的。但是的确有一些管理层,比如宝洁(Procter & Gamble)、3M、德国的西门子或日本的日立(Hitachi)等,始终在产品的引入和开发方面做得明显好于其他企业。除了运气,这其中想必还有别的原因。一个原因就是,具有较高"击球率"[⊖]的企业注重参照期望来评价其创新绩效。大多数的企业靠许诺管理创新，而有能力的创新者靠来自结果的反馈管理创新。

（4）**战略与绩效** 最后，管理层的绩效可以并且也应该参照他们的经营战略来衡量。战略预期会发生的事件实际上发生了吗？考虑到企业内部以及市场、经济和社会中的实际发展，最初设定的目标是正确的目标吗？这些目标已经实现了吗？要依据绩效评价战略，就必须明确地定义和详细地解释期望，而且必须要参照期望从实际事件中整理出反馈。就像对创新一样，即使最有能力的企业也不会在经营战略方面有特别高的命中率——我估计不会高于 0.3。但是，继续用棒球来打比方，这些管理层至少知道他们是三振出局了，还是打出了一记安打。最重要的是，他们知道自己哪些方面做得好、哪些方面需要改进。

⊖ batting average，击球率，此处喻指创新的平均成功率。——译者注

CHAPTER 3 | 第 3 章

管理巨变：新的人口结构和新的人口动态

那些没完没了地向我们砸来的轰动事件，无论是欧佩克还是现在人们普遍预计将会发生的粮食、金属或矿石的短缺，抑或是任何其他的眼前危机，没有哪一件会像人口结构和人口动态方面的变化这样重要，这样真实。然而，几乎没有多少企业，更没有多少政府意识到这些变化。最重要的变化并不是人们经常讨论的发展中国家的"人口爆炸"，尽管它的影响非常广泛。真正重要而尚未被意识到的发展趋势，是发达国家即将面临的劳动力短缺，尤其是可以满足制造业和服务业中传统职位需要的年轻人的短缺。所有的发达国家，全都面临着劳动大军在规模、年龄结构、教育结构和构成上的急剧转变——这既是因为20世纪40年代后期到60年代中期出现在非社会主义国家中的"生育高峰"，更是因为第二次世界大战期间以及其后在发达的社会主义国家中开始并在20世纪60年代后期蔓延至所有发达国家的"生育低谷"。

人口动态将创造新的机会：经济一体化的新市场和新模式。它们将引起对新政策的需求，尤其是对社会政策的需求，比如预见发达国家中的结构性冗余并为之做准备的需求。西方失业救济的做法和日本的"终身雇用"政策，两者最多都只是部分的成功，都是相当不充分的。最重要的是，人口动态将颠覆企业和政府以及雇主、工会和员工最珍惜的一些信念和习惯。通过大规模地用"生产分工"来取代制成品国际贸易，它们将挑战被人们普遍接受的国际经济和国际贸易概念。它们将挑战人们普遍坚持的关于消费市场结构和分割的信念。它们很可能会把传统的"多国公司"改造成为"跨国联盟"。因为把就业和失业的传统概念与衡量标准混为一谈，它们将同时造成劳动力短缺和劳动力过剩。它们将迫使发达国家刻不容缓地为受教育程度高的管理和专业人员提供就业机会，而同时又将要求他们保证处于经济贫穷边缘的非技术或半技术人员能有工作。它们将淘汰我们最近一百多年来非常珍惜的一项成就：在规定年龄"退休"。它们将彻底改造发达国家的劳动力——不再有"传统的"劳动力；不再是一支"劳动力量"，而是各有不同的需求、期望和绩效特征的多支"劳动大军"。

人口动态正在迅速地把传统组织改造成为"双头怪"——在这样的组织里，自主的管理机构和自主的专业机构并存于共生的紧张状态之中。这些人口动态导致了对新的且不同的经济战略、社会战略以及组织战略的需求。

新 现 实

在 21 世纪，人口结构和人口动态就算不会静止不变，但也很可能会再一次稳定下来。但是在 20 世纪的最后几十年里，人口结构将是经济、社会以及世界政治中最不稳定、变化最剧烈的要素。

经济学家、企业家和政治家向来都知道人口很重要。但是，他们通常没有对人口给予更多的注意——而且他们的这种态度通常会得到谅解。这是因为人口转变往往发生在很大的时间尺度上，对企业家或政治家必须要做出的决策而言，人口转变显得毫不相干——这些决策的时间跨度只有 5～10 年，而传统的人口转变的时间跨度往往是四五十年。

但是在 20 世纪的后 50 年里，人口转变的时间跨度已经发生了"突变"。如今，人口转变正发生在非常短的时期内。而且，人口转变已经变得激进、飘忽、矛盾——然而又比任何别的事物都更加可以预测。发达国家到 2000 年的劳动人口中的任何一个成员如今都已经出生了，而发展中国家的劳动大军中的大多数成员也都已经出生，尽管他们进入职场的年龄要远远小于发达国家中的同辈（还像发达国家在第二次世界大战前的情况那样，他们的年龄只有十四五岁）。

西方发达国家都曾有过第二次世界大战后的"生育高峰"。这次生育高峰开始于美国：在 1947～1949 年的两年时间里，美国新生儿的数量几乎增长了 50%——绝对是一次史无前例的、我们尚无法解释的激增。日本紧随美国之后：在 20 世纪 50 年代早期，日本的新生儿数量增长至少是不亚于美国。在西方世界，最后一个出现了"生育高峰"的主要发达国家是德国。在德国,这次人口激增开始于 20 世纪 50 年代中期。

但是随后,西方发达国家又一个接一个地遭遇了同样空前的"生育低谷"。这次生育低谷首先在 20 世纪 50 年代后期从日本开始,然后在 1960 年降临美国,最后在 20 世纪 60 年代后期到达德国。在每一个发达国家里,新生儿的数量都空前地下降了 25%～30%(只有英国例外,因为英国没有显著的"生育高峰"需要矫正)。从那以后,发达国家的新生儿数量就一直徘徊在谷底。

西方发达国家与社会主义发达国家之间的唯一差别,就在于社会主义发达国家压根儿就没有过"生育高峰"。苏联的欧洲部分甚至都没能弥补第二次世界大战期间婴儿和儿童的巨大损失——在第二次世界大战期间的四五年里,苏联几乎就没有婴儿出生,而且儿童的死亡比例也格外地高。在中欧的社会主义卫星国,第二次世界大战并没有造成如此沉重的创伤。但是在这些国家里,同样也没有出现战后的"生育高峰"。在所有发达的社会主义国家里,出生率处在空前的最低点。在历史上,除非是在社会和政治解体的最后阶段,否则任何一个国家在和平时期的出生率可能都不会比现在的苏联更低。(在野蛮入侵期间,罗马帝国的出生率或者更确切地说是儿童的存活率,或许就像今天苏联的欧洲部分一样低,尽管可能不会更低。)而且,捷克斯洛伐克⊖、匈牙利、波兰、保加利亚和罗马尼亚的出生率也同样都非常低——大大低于净生育的要求。

在所有的发达国家里(还是英国除外),战后时期带来了一次空前的

⊖ 已于 1993 年分为捷克和斯洛伐克两个国家。

教育转变——这种转变彻底地改变了年轻人加入劳动大军时的年龄和进入职场时抱有的期望。就像在其他的人口统计事件中一样，日本是最极端的一个例子。在第二次世界大战前，每20个年轻的日本人当中只有三四个人上高中，其他的都只完成了初中的正规教育。如今，有一半的日本男青年上大学，而另一半也是在高中毕业后才去工作。在如今的日本，仍旧在初中毕业后就参加工作的男青年几乎已经看不到了，即使是女青年，也很少有在15岁上完初中就终止学校教育的——这种情况只有在少数偏远的农村地区才会出现。

在所有的发达国家里，预期寿命已经显著地提高了。当美国在1935年的社会保障立法中引入了政府退休金时，保险精算师们认为男性的平均预期寿命是58岁。如今，预期寿命早已超过了70岁，而且还在上升。在45年前已经活到65岁的人，恐怕最多只有几个月好活了。而如今，一个65岁的老年男性或女性可以期望再活13～15年。在如今的发达国家里，大多数年纪达到65岁的人无论在身体上还是在心理上都还只是"中年"，他们的器官都还能够正常地运转。

最极端的例子还是日本。在第二次世界大战前，日本人出生时的预期寿命是男性48岁、女性52岁。这些数字直到1950年都还没什么变化。30年之后的如今，日本人的预期寿命已经变成世界各国中最长的了——男性和女性全都超过了70岁。

就教育转变以及预期寿命和职业生涯的延长而言，发达的市场经济国家与发达的社会主义国家之间几乎已经没什么差别了。在所有这些发达国家里，就学时间超过5～7年的年轻人的比例已经比50年前大大地上升了。在所有这些国家里，增长最快的人群一直是并且将仍旧是老年群体。

在日本，年龄在 65 岁以上的老年人在 1970 年只占整个人口的 7%；而到了 1990 年，这一数字将会上升到 14%——每 7 个日本人、每 4 个成年日本人当中就有一个年龄超过 65 岁。瑞典将有相同的老年人比例，而且可能会有更高的成年人比例。在美国，到了 1990 年，年龄超过 65 岁的老年人将占总人口的 1/8，而且将至少占成年人口的 1/6。到了 2000 年，在每一个发达国家里，年龄超过 55 岁的人都将占到成年人口的半数以上——到了这个年纪，他们开始第一次意识到退休以及养老的需要。

在战后时期，劳动大军的构成发生了显著的变化。当美国在 1935 年首次发布官方的失业统计数据时，其在没有讨论或争论的情况下，假定"被雇用者"意味着一个男性的、成年的一家之主全职工作并供养着一个家庭。当然，在 1935 年也有很多的女性在工作。但是除了那些不拿薪水因而根本没有被计算在内的女性，比如农民的妻子或小店主的妻子，其余的工作女性要么是家庭佣工（现在几乎已经不存在了），要么是正期待着找个丈夫、建立家庭然后永久地离开劳动大军的未婚女青年。

在 1980 年的美国，男性的、成年的一家之主仍旧提供着每 10 个工作小时中的 7 个。但是在今天的美国，这些劳动者已经变成了明显的少数派，只占全部劳动者的 2/5。其余 3/5 的劳动者是那些 45 年前几乎不被考虑、不被计算在内的人：至少作为兼职员工将永久地留在劳动大军中的女性；已过退休年龄却仍旧在全职或兼职地工作着的老年人；主要适合于兼职工作的高中生和大学生（白人、黑人和墨西哥人）等。

美国的就业和失业统计仍旧假定每个工作的人都是全职工作的，每个"未被雇用者"都适合于全职的永久性工作。他们仍旧假定"未被雇用者"事实上是男性的、成年的、供养着别人的一家之主。然而如今，对每一个发达国家来说，这些假定都是荒谬的。

劳动大军已经变成了多来源的；而且，其分化还将继续。这种分化将在年龄分布和性别分布上继续——即使是在日本，女性也越来越多地选择在结婚后继续留在劳动大军中，或者是在自己的孩子过了婴儿期之后重新回到职场中。分化将在全职和兼职工作上继续。大多数的工作小时仍旧是由成年男性一家之主提供的，他们仍旧认为自己是全职员工，在寻找一个稳定的工作。但是在数量上，其他的员工将在发达国家的各个地方占据优势——比如已婚或未婚的女性。很多人（大多数的年轻人）将全职工作，将期望不同的福利。在传统的员工看起来是"福利"或"机会"的东西，往往对职业女性没有什么吸引力——比如当一个女性结婚后，如果她的丈夫已经有了同样好或更好的退休计划，那么妻子公司的退休计划就如同鸡肋了；如果丈夫已经在自己的公司里有了给家庭的健康保险，那么妻子公司的医疗保健福利就失去了意义；如果一个工作女性牵挂她的家庭并且丈夫也有自己的工作，那么通过调任到别的地方来晋升就没有多大的吸引力。

另外，将会有越来越多的人把职位看作锻炼特殊技能（尤其是高技术能力）的地方，也会有越来越多的人把雇主（不管是大学、医院还是企业）看作一种"便利条件"。他们将"忠诚于"他们的技术、工具、学科和方法，而不是"效忠于"一家企业、一所大学、一个团体。我们将越来越多地雇用类似于过去的流动熟练工的人，以及在一段时间里为一个雇主全职工作、然后在另一段时间里为另一个雇主兼职工作的人。

同样重要的将是"年龄"意义的变化。在19世纪之前，没有"退休年龄"也没有"退休金计划"——人们的预期寿命都不长。当"退休年龄"首次确定时（在19世纪80年代，俾斯麦（Bismarch）任首相的德国最早提出了这一概念），人们都明白自己可能活不到那个年龄，至少不可能非常健康地活到那时候。传统的退休金系统——它们的残余仍旧存在于我们的周围——旨在照顾寡妇和幼小儿童的生存，而不是要向退休的员工提供退休金。

如今在大多数的日本企业尤其是规模较小的企业中，仍在盛行的退休金系统是出现在50年前，也就是20世纪20年代。员工在55岁退休，会拿到一笔相当于两三年薪水的离职费。但是如果一个员工在55岁前就去世了，那么他的遗孀和孩子也会得到相当好的照顾。在50年前，当日本人的预期寿命只有40多岁时，这并非一个不合理的系统。但是如今，当55岁的日本人预期可以再活20年以上时，这个系统就完全不合适了。

当然，一个55岁的日本人并不会"停止工作"——他负担不起。他会继续为另一个雇主工作，通常是在一家薪水低很多的小企业，要么就是作为一个"自我雇用的"手艺人或临时工。如今，同样的模式出现在了所有的发达国家里。人们仍旧普遍认为一个"退休"的男人或女人会停止工作，但如今这已经越来越像例外而不是惯例。越来越多的退休者要继续工作，尤其是在通货膨胀时期，尽管他们通常是为一个不同的雇主效力、兼职或者做临时工。而且，在这些并未真正退休的退休者中，有越来越多的人不向愈加贪婪的税务员报告自己的收入。

在苏联实际上就没有所得税。所有税项都是隐藏在消费品价格之后的消费税，而且都高得过分。因此，人们没有在退休后隐瞒个人收入的动机。于是我们都知道，在苏联，几乎所有年龄不到 70 岁或 75 岁的退休员工都在全职或兼职工作；假如不是这样，苏联的经济就会崩溃。然而即使是在发达的非社会主义国家里，尽管退休金要比苏联慷慨得多，但大多数被官方报告为"已退休"并且除了退休金（通常是免税的）之外再无其他收入的人，几乎也肯定是在工作，至少是在做兼职。

发达国家的唯一选择，要么是接受传统的退休年龄已经不再有意义这一事实，就像美国正在做的那样；要么就是自称一个官方的强制退休年龄仍旧存在，然后对"已退休"的人们还在继续工作并且不报告收入的事实视而不见，就像在西欧愈演愈烈的情况那样。欧洲工会对较低"强制"退休年龄的要求，只能让这种虚伪变得更加流行。规定年龄的传统"强制"退休已经死亡，这既是因为达到这一传统年龄的人们无法忍受在身体和心理状态都还很好的情况下就无所事事，也是因为一旦发达国家中超过 65 岁的人占到了成年人口的 1/5 或 1/4，整个经济就无力供养他们这些赋闲养老的人了。

但是在另外一端，进入职场的入门年龄也发生了同样重要的变化。

几乎没有什么证据表明职位的要求已经变得更加苛刻。例如在加拿大的英语区，银行近20年来就已经在为入门职位招聘大学毕业生，而且现在更倾向于要求另外的工商管理硕士（MBA）学位。但是在讲法语的魁北克，因为教育革命来得相当晚，所以同样的加拿大银行要为入门职位聘用高中毕业生——这些讲法语的加拿大人在胜任工作方面的表现，丝毫不比在西部地区的英语学校里多待了4～6年的同行们差。

在1929年，底特律汽车装配厂中的工长平均只有小学二年级的文化程度。然而，同1980年的大学毕业生工长比起来，他们却有着要求更苛刻、更繁重并且高度自主的工作任务。1980年的大学毕业生工长受工会合同、人事部门、质量控制、生产调度和培训主管等的限制——这些限制是1929年的工长从来没有听说过的。

入门职位之所以要求更高的教育程度，很可能主要是因为在如今人们的预期职业生涯这么长的情况下，推迟新人进入职场的时间这一真实的需求正变得越来越强烈。但不管原因是什么，总之在发达国家里，新人加入劳动大军的入门年龄已经发生了非常大的变化，以至于任何一个未能接受高等教育的人，都有成为一个永远不会受到重视的"辍学者"的危险。从性质上来说，这意味着在如今进入职场的年轻人当中，人数最多的一个群体（肯定多数是男性）抱有传统的非技术职位无法满足的期望。他们期望的是一项事业而不仅仅是一个职位。他们期望以专家的身份工作，期望担任管理的、专业的或者至少是技术的职位。无论在技术上还是在心理上，他们都不打算或者不适合担任昨天的职位——农场上、工厂里、矿井中的工作，或者是任何别的体力劳动。

总而言之，在第二次世界大战前夕的 1940 年，劳动大军主要由男性劳动者构成，他们靠自己的双手在工厂或农场中劳动。20 世纪 80 年代的劳动大军是两性的。在所有的发达国家里，劳动大军中女性（尤其是 50 岁以下的女性）的比例都等于男性的比例，尽管有很多的女性仅仅是兼职工作。其次，在如今的劳动大军中，接受过高等教育的年轻人的数量越来越多，而且他们几乎不会从事传统职位，不管薪水有多高。这支劳动大军是多来源的：其中的主力仍旧是全职工作的成年男性一家之主，但全职工作的女性以及作为一家之主的女性（主要是离婚者）也日渐增多。其中的兼职者也越来越多：工作女性；仍旧在读或者尚未准备好开始职业生涯（更不用说建立家庭了）的年轻人；根据官方报告已经过了退休年龄但仍旧可以从事几个月的全职工作或兼职工作的老年人等。

在所有的发达国家里，加入劳动大军并乐于从事传统职位的年轻人将非常紧缺。我们面临着适合于传统职位尤其是传统制造业职位的传统工人的短缺。

在西方的发达国家里，这种短缺还不会在几年内突显出来，因为生育高峰的最后一代人正在成长起来。但是，将在 1980 年从美国的各所院校中毕业的那些年轻人，大都出生于 1959 年——生育高峰的最后一年。在那之后，适合于入门职位的年轻人的数量将迅速下降——尽管在其后的几年内，美国拥有学士以上学位的年轻人的数量仍将很高。在生育高峰最后开始也最后结束的德国，直到 1984 年都将有充足的年轻人供应给劳动大军——但这种局面不会维持到 1984 年之后。在那之后，在发达世界中的所有国家里，年轻人尤其是适合于传统职位的年轻人将供不应求，其短缺的程度将达到发达国家的历史最高水平。在第一个遭遇"生育低谷"的日本，这种短缺已经发生了。

在发达的社会主义国家，在苏联的欧洲部分及其欧洲的卫星国，这种短缺的状况将是最严重的。在那些国家里，没有生育高峰的最后一代人可以缓解这种短缺。加入劳动大军的女性比例已经非常高了。而且，就是因为退休金太低，所以退休者也已经在工作了——至少是做兼职。唯一可用的劳动力供应被锁在了世界上最没有效率的农耕系统中，而且偏偏是在这种系统已经在技术上和经济上变得一无是处的时候。

发展中国家则面临着几乎与发达国家截然相反的人口结构。的确，在这些国家里人口的预期寿命也提高了，所以也会有更多的老年人。但是在第二次世界大战后，发展中国家重要的人口改善是婴幼儿死亡率的急剧降低。在1938年，每10个在墨西哥出生的婴儿中只有两三个能够活下来并在20年后还有工作能力。而在20年后的1958年，每10个在墨西哥出生的婴儿中已经有七八个能够活下来并具有工作能力。墨西哥代表了整个发展中世界：东南亚和非洲、拉丁美洲和苏联的亚洲部分。这并不是因为出生率提高了——这种被普遍接受的看法是误解。实际上，世界各国的出生率都已经降低了。但是，婴儿存活率的上升要比出生率的下降更快。

在墨西哥，如今每千名育龄妇女的生育率要显著低于1938年。但是，如今可以长大成人的婴儿数量是过去的三四倍——这意味着人口以及年轻人数量的巨大增长。

这种增长直到 1960 年还没有开始。在约翰·肯尼迪（John Kennedy）总统任期的第一年，当专家们为拉丁美洲设计了"进步联盟"（Alliance for Progress）时，他们还没有预见到人口动态的任何变化。他们也认为婴幼儿死亡率会下降，但只是略微地、缓慢地下降。然而在接下来的 5 年里，从 1960～1965 年，拉丁美洲的婴幼儿死亡率急剧下降，存活下来的年轻人数量迅速上升。

如今到了 20 世纪 80 年代早期，这些年轻人正在成年。因此，在 20 世纪剩下的时间里，发展中世界的基本问题将是职位。只要有工作，食物就应该不成问题。

到了 2010 年前后，在大多数的发展中国家里，人口预计会再一次达到大致的平衡。在新加坡和韩国等国家，这种平衡已经达到了——上述国家的文化和传统非常中国化。即使是在拉丁美洲，大多数的国家也正在趋向于人口平衡和急剧减慢的人口增长。在另一些国家，政治原因导致的大规模饥饿已经在改变着人口的存活率，尤其是婴幼儿的存活率——在柬埔寨或者乌干达，没有多少婴幼儿能够存活下来。

但是在今后到 2010 年的这 30 年中，在大多数的发展中国家里，主导因素将是他们在提高婴幼儿存活率方面取得的巨大成功的后果。在第二次世界大战后的 30 年里，婴幼儿死亡率的降低是人类的主要成就之一。然而，它的后果我们必须要面对。

独一无二的苏联困境

在这个人口变化的世界里，苏联的处境是独一无二的，因为它的欧洲部分是发达国家而同时它的亚洲部分则是发展中国家。这两个部分根本对立的人口动态，可能会使苏联的生存在20世纪剩下的时间里成为严重的疑问。

苏联是一个幸存的19世纪的帝国。在世界上的所有国家里，也只有它在自己的疆域内同时以极端的形式包含了发达世界和发展中世界的人口统计特征。如今，苏联的欧洲部分有着所有国家中最低的出生率。它没有过"生育高峰"，因此与西方各国不同，它也没有过大量的年轻劳动力补充。像西方一样，它也已然经历过了完全相同的教育转变。而且就像在西方一样，它的人口预期寿命一直毫不动摇地上升。因此，在如今的所有社会当中，苏联的欧洲部分是目前年龄最老的。已经七十三四岁的勃列日涅夫（Brezhnev）先生被认为是一个老人——从身体和精神健康的角度来说，他的确是上了年纪。但是，苏联的问题恰恰是缺少继承他这一代的年轻人。任何一个到访苏联的游客，都会对各处缺少精力充沛、三十出头的青年人感慨一番。

与此同时，苏联的欧洲部分在利用其唯一的劳动力储备上面临着异常艰难的问题——这个唯一的储备就是集体农庄上没有产出的劳动力。集体农庄已经变成了一种福利机构。有能力、有抱负的那些人早就已经离开农庄住进了城里。剩下的这些人都没什么产出能力——当然，是体制禁止他们变得富有产出能力；只要他们还待在农庄里，他们就只能得到最低保障收入。要想彻底废除集体农庄并转到面向市场生产的大型家庭农场（在现代的科技条件下，这在苏联是唯一真正高效的农耕形式），这在政治上是不可能的。而且就像其他任何国家中受过良好教育的人一样，那些受教育程度高的苏联人也不愿意从事体力劳动。

早在 1970 年就预见到了人口短缺的苏联人尝试了一次极端的政策转变。自从斯大林在 20 世纪中期掌管政权以后，外国资本已经被挡在了苏联之外，这既是因为害怕外国的管理者和技术人员及其可能造成的意识形态污染，同样也是因为民族主义者的自负。但是自 1970 年以来，苏联已经增加了整体资本货物工厂的引进。所有这些工厂都高度自动化，都与来自"资本世界"的大企业（比如菲亚特）合营，可以生产汽车、卡车、重型机械或轮船。为了做到这一点，苏联及其卫星国陷入了对"资本主义"世界的沉重债务之中。

然而，这一力图防止人口特征造成严重后果的尝试却是一次绝对的失败。即使有些工厂最终会投产——到目前为止，其中的大多数都还只是项目，尽管有巨大的资本投资——它们也将是劳动密集型的而不是自动化的。事实上，这些工厂将需要的劳动力类型，也就是熟练的维护工人、工长和技术人员，恰恰是苏联最短缺的。

剩下的只有一种选择：短期内的大规模裁军。

与此同时，苏联亚洲部分的人口正在迅速膨胀，尤其是年轻人的数量。亚洲人已经成为苏联人口中的多数。到了 2000 年，在苏联的现有区域内，将有 2/3 的人口是亚洲人，而且其中近一半是穆斯林。然而到目前为止，苏联的亚洲人还没有在权力和声望方面获得一席之地。他们中的大多数（可能有 3/4）不说俄语；然而，在苏联开展各种业务都要使用俄语。在政府、大学以及企业界里，几乎没有多少重要的职位由亚洲人担任。他们既不是科学和技术领域内的代表，也不是艺术领域内的先锋。最重要的是，到目前为止，在苏联的武装力量中没有几个高层军官是亚洲人——这些发号施令的职位被严格地留给了白皮肤的欧洲人。

因此，作为人口统计特征的一个结果，苏联要么必须削减工业或军队的规模，要么必须改革集体农庄。他们无法逃避发达的欧洲部分与发展中的亚洲部分在人口方面日益加剧的矛盾。在接下来的25年里，苏联将面对诸多矛盾——包括种族的、宗教的和文化的矛盾。

移民的终止

那些同样也面临传统劳动力人数骤减的西方发达国家，如今不能再指望靠着从发展中的未工业化地区引进移民来补偿了。第二次世界大战后，各国通过大规模的移民解决了这一时期较小的人口问题。如今，这种解决办法在世界上的大多数地区都将不再适用。

马歇尔计划与石油危机之间的25年，是一个全世界范围内移民的时期。在这期间，数量非常巨大的人口从未工业化地区迁移到了工业化的城市环境中。在有些地区，比如美国、日本和苏联，这种大规模的移民发生在整个国民经济中。

第二次世界大战结束时的日本仍有3/5的人口生活在农村地区，而且其中的大多数人都在种地。如今，日本的农村人口还不到总人口的1/5，农民的数量更是仅占总人口的10%。同样，在美国，农村人口自第二次世界大战结束以来已经减少了 2/3——如今靠种地为生的美国人还不到总人口的 1/20。在苏联，有 1/4 的人口仍旧被困在生产力低下的集体农庄中——但是在 1945 年，这个比例是将近 50%。

在西欧有过相似的从农场向城市的迁移，尤其是在德国南部、意大利、西班牙和希腊。但是，西欧的主要移民是从欧洲的未工业化地区，也就是欧洲南部、地中海地区、西班牙、西西里、希腊、葡萄牙、土耳其、阿尔及利亚和南斯拉夫⊖，迁往工业化的西部和北部地区。到了 20 世纪 60 年代末，在有些国家比如瑞士，很多行业中的"外来工人"数量已经超过了本地工人。

如今，只有一个国家的移民还将继续：美国。美国可以指望来自墨西哥的大规模移民。墨西哥是一个非常穷的国家，有着最大的劳动力过剩和最高的失业率，尽管它的邻居是世界上最富有的美国，而且紧挨着美国最富有却非常缺乏愿意从事传统职位的本土年轻人的西南地区。

在美国和墨西哥之间超过 2000 英里⊜的开放边界线上，几乎没有办法防止从墨西哥进入美国的大规模移民。这些移民一路进入美国的西南地区——从圣迭戈到丹佛；另一路进入东部和中西部的都市区——已经有了大量拉美人口的纽约、费城和芝加哥。的确，墨西哥移民对南加利福尼亚的"收复失地运动"（reconquista）已经开始了。到了 2000 年，美籍拉美人将占到美国 2.5 亿人口中的大约 5000 万；现在他们的人数是 1500 万。在官方看来他们是"合法的""不合法的"还是"准合法的"，

⊖ 欧洲东南部巴尔干半岛上的国家，现已解体。
⊜ 1 英里 ≈ 1.609 3 公里。

这并不重要。不管怎样，在今后的 20～25 年里，美国的西南地区可能是发达世界中唯一一个表现为传统制造业大规模增长的地区。

从社会和文化的角度来说，墨西哥人向美国的大规模移民将激化种族矛盾。随着接近多数的美国人在一个"新教伦理"的国家中变成天主教徒，宗教可能会再次变成一个政治问题。由于"美籍墨西哥人"威胁取代美国黑人，成为被官方认可为"贫困"并因此享有特权的"少数民族"，所以美国甚至有可能出现"黑人的激烈反应"。但是，这些问题都是美国在其整个历史上多次遇到和处理（或者错误地处理）过的。从经济上来说，不管工会可能说什么，来自墨西哥的大规模移民应该是有益的，并且事实上应该可以给美国的制造业带来久违了的竞争优势。

但是在西方发达世界的其他地区，移民将不再能起到缓解的作用。曾经在第二次世界大战后满足了美国和日本工业经济的半失业工人，其储备在很大程度上已经被耗尽了。在美国和日本的农场上已经不剩多少未工业化的劳动力了；在这两个国家里，大部分的"小农"都已经在企业中工作了，尽管他们可能生活在一个不太肥沃的农场上，而且养着几只鸡。非日本人比如越南人向日本的移民几乎是无法想象的——日本人至今尚未完全同化多年以前到来的少数韩国人。至于说西欧，"外来工人"的再一次大规模移民几乎不可能发生。这些社会将无法再忍受过去25 年的移民所造成的那种动荡。无论如何，西欧的每一个发达社会都将像瑞士人和德国人已经在做的那样，控制移民和"外来工人"的数量，而不是鼓励从未工业化地区向工业化地区的进一步移民。

早在 250 多年以前，也就是自从统计学之父威廉·配第（William

Petty）首次着眼于 18 世纪早期兰开夏郡和约克夏郡的城市萌芽以来，我们就已经知道城市文明的吸收能力是有限的。如果"移民流"的人数过多，社会动荡就会来临。在这一点上来说，如今美国大城市中的黑人聚居区，与 1900 年前后来到维也纳的捷克人定居的可怕贫民窟，看起来并没有什么太大的不同。弗里德里希·恩格斯（Friedrich Engels）所知道的 1850 年的利物浦或曼彻斯特，非常类似于今天小说家笔下意大利北部西西里人的都灵、洛杉矶东部美籍墨西哥人的聚居区或者是德国鲁尔地区土耳其"外来工人"的贫民窟。同样属于同一时期的悲惨世界，还有查尔斯·狄更斯（Charles Dickens）在他写于 19 世纪 40 年代的小说《艰难时世》（*Hard Times*）中描写的兰开夏郡的纺纱厂——在这里，遭受残酷剥削的绝望的无产者被工业丛林彻底吞没了。

进一步的大规模移民显然会遭到反对并且被控制在最低限度。因此总的来说，发达世界将必须利用自有的劳动大军来勉强应付。发达世界将必须接受这样一些事实：接近工作年龄的年轻人数量锐减；学校教育迅速升级，年轻人的期望因此骤然提升；劳动大军日趋多元化——女性已经在工作参与上（但未必是在工作理念上）与男性平起平坐；"工作"已经不再一定意味着一份全职的、终身的职位；强制退休的时代已经终结，尤其是认为一个人"退休"后就会自动"停止工作"的假定已经不再成立。

而在发展中国家，在经济上、社会上和政治上都最为重要的问题，将是如何为潮水般涌现的接近工作年龄的年轻人找到工作。他们已经离开偏远的山村进入到发展迅速的大城市的中心，他们的身影和声音已经不会再被人们所忽略。

这些都是新的现实。

生产分工：跨国一体化

在发达国家里，传统工作尤其是传统制造业工作的成本必然因劳动力短缺而上升。但是，即使急剧地提高传统工作的薪水，这也不会创造出所需的劳动力；人们就是不肯做这样的工作。发达国家的生产能力必然会下降，除非它们能够从别的地方为生产的劳动密集阶段找到一支劳动大军。

发展中国家会一个个地面临经济状况的恶化和国民产值的下降——以及对社会和政治稳定性的严重威胁，除非它们能够为只胜任传统劳动密集型工作的过剩劳动力找到工作。它们没有科技和资本，没有建立自己完整的行业所需的管理人才，而且在大多数情况下也没有为这样一些行业创造产品需求的市场。对于那些要求科技和高级管理技能的生产阶段，它们将不得不越来越依赖于发达世界及其过剩的高素质人才。而且只有在发达世界里，发展中国家才有希望为它们的过剩劳动力生产的产品找到足够大的市场。

因此，生产分工的实践将是经济一体化的重要形式，是发达国家和发展中国家都同样需要的。在生产分工中，发展中国家的资源（适合于传统工作的丰富劳动力）与发达国家的资源（管理才能、科技、高素质人才、市场和购买力）被结合在一起。

在美国销售的皮鞋往往出自一头美国牛身上的皮。然而通常来说，这张皮不是在美国鞣制成革的，而是要运到像巴西这样的地方去加工。鞣革是高度劳动密集型的工作，在美国没有那么多的工人来从事这类工作。然后，鞣制出来的皮革被运往加勒比地区——或许是通过一家作为中介的日本贸易公司。皮革的一部分可能在英属维尔京群岛加工成了鞋帮，而另一部分则可能在海地加工成了鞋底。然后，这些鞋帮和鞋底被运到巴巴多斯或牙买加这样的岛国——这些国家的产品可以进入英国和欧洲经济共同体，或者被运到波多黎各——在那里，它们被加工成皮鞋，在美国的关税庇护下进入美国市场。

这些皮鞋最初是什么呢？是皮。尽管皮是最大的单一成本要素，但也仍旧只占制鞋厂商生产成本的1/4。按照劳动含量来说，这些鞋是"进口鞋"；按照技术含量来说，这些鞋是"美国制造"。毫无疑问，这些鞋是真正的"跨国鞋"。任何具有较高劳动含量的东西都是在发展中国家加工的。牛的饲养是一个高度资本密集型的过程，高度自动化并且要求先进的技术和管理，因此需要在具备了必要的技术、知识和设备的发达国家里完成。鞋的设计、质量控制和营销这一整个过程的管理，也需要全部在发达国家中完成，因为完成这些任务所需的人力和技能存在于发达国家中。

生产分工的另一个例子是手持电子计算器。计算器上可能会有一家日本公司的铭牌，但这个铭牌也是计算器上唯一一件"日本制造"的东西。计算器的电子芯片来自于美国——要么是达拉斯，要么就是离旧金山挺远的"硅谷"。这些计算器组装于新加坡、马来西亚、印度尼西亚或者尼日利亚——任何能够找到中国转包商的地方。制造计算器框架用的钢铁可能是一家印度钢铁厂的产品——这家钢铁厂或许原本是为了给一家印度汽车企业生产钢材而建的,但这家汽车企业始终没能成为现实。然后,在神户或横滨的某个自由港,这些计算器被贴上了"日本制造"的标签。它们被销往全世界,当然主要是发达国家。设计、质量控制和营销等,都是由设在某个非常发达的国家里的一家日本企业完成的。那些要求高科技、严格的质量控制和高资本投入的生产阶段,比如芯片的设计和制造,也都是在美国这个发达国家里完成的。但是,劳动密集型的工作则是在发展中国家完成的。

这些例子可能已经被无限地放大了,因为在最近这10年里,生产分工一直是国际贸易中增长最快的部分。作为一个我在几年前杜撰出来并且尚未被广泛使用的术语,生产分工正日益成为整个西方世界里经济一体化的主导模式。

生产分工对设计、营销和质量控制提出了非常高的要求,而对规划、组织、整合以及协调等管理才能提出了甚至更高的要求。但是,生产分工使控制与整合的传统途径——资本投资——变得不那么重要了;它只要求发展中国家里最低限度的资本投资。在摩洛哥、尼日利亚或马来西亚,只要拿到了来自发达世界中某家大营销企业的订单,转包商就可以通过传统的短期银行信贷获得所需的资金。

作为半导体技术的先驱者之一,一家著名的电子企业在西非拥有12 000多名员工(占其整个员工队伍的一半),而且其制造工作的2/3是在那里完成的。但是当我问他们在西非投入了多少企业资本时，回答是："每个月两张泛美航空公司的往返机票。"所有其余的资本投入，都是西非的转包商凭母公司保证购买西非子公司产品的坚定承诺获得的银行信贷。

生产分工的第二种形式尤其受日本人的推崇，那就是甚至更加复杂的整个工厂的输出——通过把产品销往发达国家，这种形式获利颇丰。

例如，日本人正在阿尔及利亚建设一家巨大的石化联合企业。阿尔及利亚自身将只能消耗该厂产量的 1/10，其余的产品将由日方销售，而且主要是销往日本。同样，日本人还正在东南亚建立制鞋厂，其产品也将主要在日本销售。

这也是生产分工。发达国家提供工厂及其产品的设计；事实上，它们建造工厂，并输出作为一种资本密集型和技术密集型产品的工厂主体。而且，它们把工厂的产品销往发达国家。你可能又会问，这些石化产品或皮鞋是谁的"产品"？从劳动含量的角度来说，它们当然是工厂所在的发展中国家的产品；而从增加值的角度来说，它们首先是"日本的"产品。

对于大多数的发展中国家来说，要想在没有激变的情况下顶过就业需求的爆炸性增长，生产分工是最大的或许也是唯一的希望。任何传统的经济发展理论，都无法解决已到工作年龄因而需要职位的年轻人的激增。的确，有些发展中国家的年轻人没有受到过非常好的教育和培训。

但是，他们所受到的教育和培训显然要好于他们的父辈。更重要的是，他们处在城市中，而昨天未工业化的人们则处在偏僻遥远的农村。如今，一个生活在印第安村落里的14岁男孩跳进一辆卡车，两个小时之后他就已经置身于一座大城市了。如今，墨西哥有二十多个人口密集地区，每一个的人口都在100万以上；而在40年前，墨西哥只有一座墨西哥城以及勉强可以算数的港口城市维拉克鲁斯。而且在那座城市里，那个印第安男孩是不能被忽视的。每一个发展中国家都经历了类似的巨大变化。

在发展中国家，反对生产分工的声音认为这是殖民主义和依赖发达世界的另一种形式。但是实际上，没有哪个发展中国家具有这样的市场潜力，可以面向综合产业提供哪怕最低限度的就业机会。拥有足够多的最紧俏资源——也就是管理、专业、创业和技术方面的人才，可以创建、组织和经营必要规模的完整企业，这样的发展中国家没有几个。这些技能是无法临时拼凑的，也无法从世界市场上买到和输入。只有年轻人在今天——而不是等到新世纪来临之时——得到了足够的工作，这些国家才能够逐步建立起管理技能和专业技能的"上层建筑"，及获得将来建立自己完整的制造企业所需的大规模购买力。从传统意义上来说，年轻人对传统制造业工作的可用性是发展中国家的一个"优势"。

让劳动密集型的生产阶段在发展中世界而不是本土完成，这也同样体现了发达国家对发展中国家的依赖——毕竟，相互依赖是一条双行道。只有成功地调动了发展中世界的劳动力资源，发达世界才能够保持自身较高的生活水平。发达世界拥有技术资源、企业家资源、管理资源以及市场，但是，它们缺乏而且将日益缺乏完成生产的传统阶段所需的劳动力资源。

需要新的理论、新的概念和新的衡量方法

生产分工正在迅速地增长，然而这种增长在很大程度上尚未引起注意。到目前为止，我们还没有关于生产分工的理论、概念和衡量方法。生产分工完全不同于普遍意义上的"国际贸易"，因为它代表着目前几乎还不为经济学家或政府的统计人员所知的跨国一体化。

国际贸易的理论没什么变化，还是两百多年前亚当·斯密首次提出它时那样。它所谈论的仍旧是具有比较优势的不同地区之间的产品交换。它的原型仍旧是亚当·斯密提出的英国毛纺织品交换葡萄牙酒的例子——英国湿冷的气候有利于羊毛和毛纺织品的生产，但却几乎使葡萄酒的生产成为不可能；相反，葡萄牙干热的气候有利于葡萄酒的生产，但却几乎使羊毛的生产成为不可能。这种互补贸易的理论实质上仍旧是国际经济学家们讲授和讨论的内容。

但是自 1880 年前后以来，在整整一个世纪的时间里，国际贸易的现实已经变得完全不同了。它已经意味着竞争性产品的交换——一个国家的机械设备与另一个国家的机械设备的交换。它的典型代表是化工行业的贸易模式。每一家化工企业都把其他的化工企业同时视为最重要的客户和最危险的竞争对手。对于美国制造的产品来说，作为客户，拥有大约 500 万人口的瑞士要远远好于拥有 100 倍人口的印度。因为一个国家的工业化程度越高，它就会越趋向于选择其他的工业化国家作为自己

的客户。

我们将要进入一体化贸易时期，因为这就是生产分工的含义。然而，经济学家、理论家和决策者们还完全没有为这一挑战做好准备。事实上，概念和衡量方法的缺乏是一个严重问题。迄今为止，我们的概念还无法应付生产分工。

一个政府统计人员会把美国的牛皮出口记录为"出口商品"，把皮鞋的进口记录为"进口商品"；他的数字丝毫不会反映出两者的联系。美国的养牛者甚至都不知道，自己的生计竟然要取决于国外制造的皮鞋在美国市场上的销售。反过来说，在海地为这些美国皮鞋加工鞋底的制造商也没有意识到，他们竟然要依赖于在美国饲养的牛身上的皮。至今还没有人认识到这些联系。而且，当美国的制鞋工人工会或者北卡罗来纳州的皮鞋制造商们鼓动政府禁止"廉价外国商品"的进口时，没有哪一个生活在大草原上的养牛者会意识到，那些人实际上是在鼓动政府禁止他们这些养牛人赖以谋生的美国牛皮的出口。当美国的鞣革行业要求禁止牛皮外运时，美国的皮鞋零售商们（更不用说美国的消费者了）都没有意识到，这就意味着在美国的商店里将无鞋可售。他们不知道，在美国根本没有那么多的工人可以承担哪怕一小部分必需的鞣革工作。

生产分工不服从对外贸易、国民经济以及产品的传统概念。然而，它正在成为经济一体化唯一可以利用的形式——只有采取这种形式，发达国家和发展中国家的资源才能够被有效地用于谋求互利互惠。但是到目前为止，还没有多少国家认识到这一点，尽管有少数发展中国家和地区在这方面已经走在了发达国家的前头。不仅仅是政府会抵制这种趋势，工会甚至会更加强烈地抵制它，因为它在公然挑战所有被政府和工会视为"正确"的概念。

在汽车制造业，生产分工最成功的一个例子是福特嘉年华（Ford Fiesta）。然而，因为政府和工会的抵制，这款车型将不会再出现在美国的市场上，尽管它在降低油耗和控制污染两方面都表现优异。这款车型的概念是美国的，它的规范也同样是美国的。然后，它的实际设计是在德国完成的。德国制造了它的发动机和车架；墨西哥制造了它的传动装置和刹车系统；加拿大制造了它的电气系统。最后，它是在美国面向美国市场组装的。福特嘉年华在美国市场上成为一款非常成功的汽车；但是，工会也成功地把它赶出了美国，尽管它很成功，尽管它的确给美国的装配工人带来了就业机会。由于工会的游说和施压，美国的能源机构规定，只有那些在劳动含量上完全是"美国造"的汽车，才会被容许打着节能的旗号由本土的汽车制造商销售。假如福特嘉年华是由一家彻底的非美国企业制造的，那么它还可以被美国进口。而现在，就因为它是挂着一家美国企业的铭牌由"生产分工"制造的，它就成了对工会的一种冒犯，成了让官僚们费解的一个谜团，成了这两伙势力的禁忌。

从多国公司到跨国联盟

作为将来全球经济一体化的主要形式，生产分工的出现意味着传统的"多国公司"不太可能成为将来的主流。但是，将来也不太可能成为多国公司的批评者们（尤其是在发展中国家）所设想的那种形式。今天人们对"多国公司"谈论得很多，然而实际上并不存在这么个东西。在马歇尔计划之后的25年里，我们所谓的"多国公司"不过是19世纪经济一体化模式的复苏。在这种模式中，某个发达国家的一家公司拥有海外子公司和联营公司，但其重心仍旧留在原始总部所在的地方。19世纪传统的"国际公司"是拥有海外子公司、联营公司和分支机构的国内公司——今天的"多国公司"也是如此。

实际上，同今天相比，第一次世界大战前有占更大比例的制造企业是"多国公司"。而且在1914年之前，没有谁认为这样的"跨国"企业是什么特别的东西。例如，意大利的菲亚特在1900年元旦创建于都灵。到了1903年或1905年，其奥地利的全资子公司奥地利菲亚特（Austro-Fiat）比母公司还要大很多，因为古老的奥匈帝国是一个远比1900年的意大利更大也更发达的市场。设计于都灵但却制造于维也纳的奥地利菲亚特汽车，甚至被奥匈帝国的军队用作了指挥车——在那时，没有谁认为这有什么不寻常。同样，在1856年前后创建于德国的西门子，到了19世纪60年代，它在英国和俄国的市场影响也大于它在德国本土的市场影响。当时，英国是欧洲乃至全世界最发达的国家，所以英国西门子（British Siemens）拥有比母公司大得多的市场——直到1880年前后，作为母公司的德国西门子都还只在一个发展中国家里经营。而1860~1880年间的俄国掀起了铁路建设的高潮，这使得当时欧洲最重要的电报设备供应商西门子一跃成为垄断供应商。当爱迪生（Edison）第一次在新泽西演示了他那尚非常原始的白炽灯泡后，仅仅过了三个月，爱迪生灯泡就已经先后在英国和日本上市了。当亚历山大·格雷厄姆·贝尔（Alexander Graham Bell）在美国展示了自己的电话之后，没过几个月，贝尔电话就已经开始在大多数的欧洲国家和日本安装了。

从19世纪后半叶一直到第一次世界大战前夕，成功的企业尤其是创新企业会立即变成"跨国的"，这始终都被认为是理所当然的。尽管亨利·福特自己是一个仇外的人，但在扩大建于底特律的第一家福特汽车制造厂之前，他就已经开始创建福特的英国子公司了。

这些发展因为第一次世界大战而停了下来。第二次世界大战后所出现的一切，其实是第一次世界大战前那些发展的复苏。而且，就像第一次世界大战前的那些发展主要是在发达国家之内和之间一样，第二次世界大战后的这些发展也是如此。

原材料的生产者必须到有原材料的地方去。如果原油埋藏在沙特阿拉伯的沙漠下面，原材料生产者就必须到那里。但是，这些采矿企业并不是"多国公司"；它们基本上都是为发达国家的市场生产原材料的企业。它们的矿山和油田是"供应者"而不是"企业"。如果我们把采矿企业排除在统计数据之外，那么"多国公司"所有投资（尤其是第二次世界大战以来的投资）的85%都是由发达国家在其他的发达国家投入的。这也同样适用于美国的投资——首先是在欧洲（尤其是在欧洲共同市场建立之后），其次是在加拿大和日本。发展中国家仅仅占了这些投资的5%～8%。这甚至也适用于金融机构，尽管资金是所有经济实体中最缺乏国家性的。美国银行以及紧随其后的英国、德国、瑞士和荷兰的银行，都主要是在其他的发达国家里投资。在1979年，主要的美国跨国银行在海外的存款，有90%（除了欧佩克的资金）是在发达国家里，并且也是由发达国家存入的。

市场在哪里，经营就到哪里。这其中没有什么特别新鲜的东西，但它的确容易被政治家和新闻人所忘记。

从今以后，"多国公司"看起来可能会非常不同。首先，它很可能是一家营销公司而不是一家制造企业。它将是跨国的，因为它知道怎样在发达国家的市场上销售商品——不管它们是在哪儿生产的。其次，它将是一家管理公司，可以通过技术和设计来发挥管理控制的作用。明天的多国公司很可能是一家小型或中型企业，而不是一家企业巨头。企业巨头在政治上太惹人注意了。福特不能在美国卖它们的"嘉年华"；福特就是太惹眼了。如果一家企业能够有组织地销售具有高跨国劳动含量的商品，那么它们很可能不是一家家喻户晓的企业。的确，梅尔维尔（Melville）是美国最大的皮鞋零售商，年销售额肯定超过10亿美元，当然不是一家小公司。但是，它们仍旧不是特别引人注意，这尤其是因为它们用很多品牌而不是公司的名字进行销售。因此，它们就能够建立起一个跨国的生产分工网络，而同时又不会成为工会、政府或报纸攻击的目标。

一家中型而不是大型的企业具有参与生产分工所需的灵活性。这样的分工要求快速转变的能力——能够快速地在设计、生产和营销等方面转变。在这方面，必须提前10年来"计划"的大型企业（不是因为市场的要求，而是因为企业自身的规模和复杂性）处于明显的劣势。

规模巨大的企业能够利用的一个因素将是价值递减，换句话说，就是以自有资本进行投资的能力。明天的成功的多国公司将以营销能力而不是投资能力为基础。而在这一点上，中等规模的企业有着明显的优势。

要想利用这些优势，明天的多国公司将必须按照非常不同于今天的"多国公司"的方式来组织。它不是要成为一家"跨国的公司"，而是必须要成为一个"跨国联盟"。

它将是一家管理和营销公司。最重要的是，它将组织生产和分销。它将围绕两个焦点来组织：科技（或设计）和营销。只要它是在本土或者任何一个发达国家里"制造"，它就将集中于那些劳动密集度最低的生产阶段。当地的"子公司"将不再像传统上那样是一家仅在其国内生产和销售公司全系列产品的子公司。相反，跨国联盟将越来越多地组织跨国界和跨市场的生产，以便最充分地利用劳动力资源和市场资源。劳动密集的生产阶段将越来越多地在劳动力丰富的地方完成，并且将越来越多地由转包商而不是"子公司"或"分支机构"来完成。整个企业的凝聚力将来自于对营销而不是对资本的控制。

这将要求新的体系结构。在目前的金字塔结构中，一个中央最高管理层控制着很多单位，各个单位都参与完全相同的活动；而在未来的结构中，最高管理层将充当整合力量。它的控制将通过营销而不是法定权力来实现；它将指挥一支交响乐队而不是一支军队。一个"跨国联盟"将既要求整个集团有更有力的最高管理层，又要求各个组成部分有更大的自主权和责任。它将要求组织理论中所谓的"系统组织",㊀而不是传统的组织结构——无论是职能组织还是传统的分散化。的确,仿效日本的实践可能不是一个坏主意——在日本的模式中,很多企业的制造和营销是分离的,被分别组织成两家独立的公司。建立一家单独的公司来设计并在全球范围内销售产品,同时产品的制造被组织成一系列的支持性运营,这或许是很可取的做法。

新型跨国公司的政治因素甚至会更加不同于组织的政治因素。传统上,多国公司一直尽力避免与发展中国家扯上关系。对发展中国家有限且增长缓慢的市场进行投资,这不是特别有吸引力;而且,在一个像秘鲁或马来西亚这样的国家里做生意,其成本被证明是巨大的。因此,多国公司在发展中国家的投资并不是特别有利可图。认为设于发达国家的制造企业或分销企业会把一个发展中国家当作首要目标,这是错误的,再也没有比这更背离事实的了。它们大多遭受了损失或遇到了麻烦——除了少数的例外,比如制药行业。(之所以会有这个例外,是因为一个像哥伦比亚这样的穷国,负担不起现代化的医学院、医院以及医疗保健的成本。然而,它们能够买得起药品——药品本身产生的效果仅相当于现代化医疗效果的 2/5,仅占总成本的 6%~8% 左右。)

明天,对多国公司来说,发展中国家将变得日益重要。它们将提供制造业劳动。设在发展中国家的跨国联盟的成员单位,应该会日益成为发达国家市场上交易商品的来源。因此,母公司会越来越依赖于发

㊀ 请参见拙著《管理:使命、责任、实践》(*Management: Tasks, Responsibilities, Practices*)。

展中国家。反过来说，发达国家中的跨国营销网络也会日益成为发展中国家年轻人的就业机会来源。事实将会证明，对于发展中国家来说，作为它们通向发达国家以及全球市场的渠道，跨国公司会变得越来越重要。

如今，发展中国家（比如印度和墨西哥）的政府都把自己国民的资本投资作为一家外国企业在本国创建分支的一个条件。这简直就意味着穷国的政府坚持要补贴来自富国的企业——这也是让国内资本参与的要求唯一能够达到的目的。但是这种要求还是不得要领：应该对来自海外的企业提出的要求是，它们要能够创造出口收入以及基于出口的就业机会。到目前为止，还没有多少发展中国家的政府明白这一点。不过，有些国家和地区也已经开始清醒，这恰恰可以解释为什么南美洲西海岸加入安第斯条约（Andean Pact）的那些国家又在吸引外资。

营销无法远程操作。想在一个完全不同并且比本土市场发达得多的市场上成功地进行销售，这几乎是不可能的。但是，对于必须向发达国家"销售"劳动的发展中国家来说，它们还将需要一个对发达国家的政府、公众舆论以及工会有影响力的代理人。它们将需要发达社会及其政治制度的一分子。换句话说，它们将需要一家被发达社会（它们的劳动成果将被销往那里）作为公民接受的跨国公司。因此，发展中国家将变得更加依赖于新型的跨国公司，而这必定会给它们造成严重的政治紧张。那违背它们的言论，会伤害它们内心深处的所有情感。那会公开这样一个事实：在相互依赖的世界经济中，再也没有所谓的"主权"。

与此同时，新型跨国公司与其母国——发达国家——之间的关系也将发生改变。传统上，母国一直支持设在本国境内的多国公司。今后不会再是这种情况了——至少对基地在美国的多国公司来说是这样。这恰恰是因为"多国公司"正在变成"跨国公司"，变成全球经济相互依赖的一个象征。（关于这一点也请参见后面的第4章。）跨国公司将日益超越传统的政治界线，挑战传统的政治概念。它将促使母国把重点放在雇用技术型人才上，而不是放在为体力劳动者创造低收入、低技术的传统就业岗位上；它将以设计、技术、管理和营销作为交换，经销在发展中国家制造的产品；它将顺应世界经济一体化的现实，而不是抱着"国民经济"的幻觉不放。因此，对跨国联盟及其管理层来说，真正的政治问题将越来越多地存在于发达国家，涉及其政治家和工会领袖，最重要的是，这会触及已经彻底过时了的18世纪和19世纪的国际经济学的传统概念和衡量方法。

新的消费市场

同它们对国际经济和国际市场的影响比起来，人口结构和人口动态对国内市场的影响可能会显得很温和。但是，这些影响绝对不是无关紧要的。在发达国家里，人口动态引起了消费市场的重新调整。

在第一次世界大战前，有"多个市场"却没有"统一市场"。例如在当时的美国，不同的区域性市场之间几乎仍旧毫无联系。直到大萧条（Great Depression）之前，加利福尼亚尤其是南加利福尼亚都还没有成为整个美国市场的一部分。不过，当时还存在着界线分明的"阶层"市场。西尔斯百货的经营就是基于这样一个事实：美国农民是一个人数众多但分散的市场；就个体而言这个市场很贫穷，但作为一个大众市场，它极具潜力。如今的人们，尤其是生活在发达国家里的人们，没有谁能够想象到"上层阶级"在1914年之前意味着什么。要想知道答案，你得到印度去看看——在那里，只占2%的英语人口构成了一个分散的、多少还算富有的市场。他们不是大量地购买相同的商品，而是购买不同的商品，比如英文报纸、照相机、手表或者汽车。在第一次世界大战前，这种"上层市场"在每一个发达国家里都是一个真正的、自给自足的市场，但今后不会再有了。

西方在第一次世界大战后就形成了"全国"市场——比较而言，日本直到第二次世界大战后都还没有形成一个全国市场。在第一次世界大战后到第二次世界大战前的这段时间里，营销的成功直接依赖于全国市场及其划分的形成——西尔斯百货和通用汽车就是这样的例证。

在1920年，通用汽车的艾尔弗雷德·斯隆（Alfred Sloan）最早意识到，美国已经变成了一个按照社会经济收入群体来划分的全国市场——从被斯隆视为二手车市场的占总人口50%的"低收入"群体，到将要成为凯迪拉克（Cadillac）的市场的极少数的"高收入"群体。在新车的市场中，斯隆把市场划分成了5个类别。他的5个汽车品牌（雪佛兰、庞帝亚克、奥兹莫比尔、别克和凯迪拉克）分别针对特定的收入等级，但又彼此有重叠，因为消费者能够在自己的经济和生命周期中提升收入水平。几年后，社会和市场分析的早期定量方法，也就是维也纳的一些市场和民意分析师——比如后来都到了美国的夏洛特·比勒（Charlotte Buehler）和保罗·费利克斯·拉扎斯菲尔德（Paul Felix Lazarsfeld）等人——的成果，为斯隆早在1920年就已经形成了的直觉提供了理论框架和经验数据。

到了20世纪30年代后期，发达国家的市场明显是按照社会经济群体划分的，以至于在美国，随便拿出一户人家，一个经过训练的市场调查人员一眼就能根据他们家汽车的牌子和出厂年份以及独院住宅的租金，说出他们家的消费等级和消费水平。

然后到了1950年，就在几乎人人都已经把社会经济收入划分接受为自然法则时，一种新的消费市场划分——附带着也是一种新的民意划分——叠加在了社会经济收入群体之上，这就是按照"生活方式"的划分。

埃德塞尔（Edsel）原本是福特汽车公司为超越最大竞争对手通用汽车而制订的十年计划的最后一步，后来却成为面向传统的社会经济收入划分设计的最后一款车型。当这款车型凄凉地沦为失败者时，福特公司第一个意识到，消费市场的一次根本性转变已经开始了。

福特以雷鸟（Thunderbird）、野马（Mustang）和翼虎（Maverick）等"生活方式汽车"的形式做出的反应，在很大程度上可以解释为什么第二次世界大战结束时还只排名老三、几乎被边缘化的福特汽车公司，居然迅速地变成了实力雄厚的老二，并且在美国之外成了众多跨国汽车公司中的领导者。

到了 20 世纪 60 年代后期，汽车的牌子和价格已经与社会经济收入划分没有多大关系了，而是已经变成了一个首先按照生活方式划分的问题，至少在购买新汽车而非二手车的群体当中是如此。汽车和地位不再相互关联，但汽车和生活方式已经联系得非常紧密。

在 20 世纪 70 年代，一种新的消费市场划分已经开始形成：按照人口动态的划分。它不会取代以前的划分，而将作为以前划分的补充。然而，它将促成新的市场。

在 1973～1974 年，美国经历了自大萧条以来最为严重的经济衰退。从资本投资的角度来说，这次衰退与传统的衰退没什么两样。然而从消费者购买的角度来说，这次衰退的表现最奇特并且出人意料。"人人都知道"，如果经济出现哪怕最轻微的颤抖，人们外出用餐的次数也会急剧地减少。同样是一顿饭，在餐馆吃要比在家里吃贵很多倍。自己在家做饭唯一需要付出的额外成本就是时间——而"人人都知道"，时间在经济萧条时期非常充裕。但是在 1973 年，外出吃饭在美国开始盛行。从那以后，人们外出吃饭的次数每隔两年就翻一番，以至于到了 1980 年，美国人吃的每两顿饭中就有一顿不是自己动手做的——要么是在餐馆、快餐店、组织的自助食堂、医院、学校、工厂、办公室等场所里吃的，要么就是把已经完全做好的食物买回家里吃的。

同样，"人人都知道"，度假旅行会立刻变成"经济衰退"的牺牲品。然而事实证明，1973～1974 年的美国并不是这样。度假旅行者的确已经变得对价格非常敏感。汇率的轻微变动都会促使旅行者放弃一个目的地而选择另一个,尤其是对人数日渐增多的包办旅行的参与者来说。但是,旅行者的总人数并没有受到这次经济衰退的影响;实际上,在整个衰退期里,这一数字都在急剧地增长。

"人人都知道",在经济衰退中人们会降低住房条件。因此,在1973～1974年,美国的每一家大规模建筑商都抢着去盖渐渐被人们所熟悉的"基本住房"——实质上就是20世纪50年代那种没有额外的便利设施、用具和装饰的住房。但这些"基本住房"根本就卖不出去。正相反,这次经济衰退期间人们的住房开销增加了。

类似的反常情况可以无限地列举下去。例如,其中还包括把孩子送进私立大学这样的"奢侈"行为,尽管当时在联邦的各个州里,由税收支持的公立大学都具有足够的接纳能力,学费也都低很多,而且也都已经开始积极地为招生展开了宣传活动(因为达到上大学年龄的人口已经不再增长了)。无论是非常有名气的私立大学,还是那些像正统的基督教院校一样特色鲜明的大学,向其提出申请的学生人数都在上升,尽管其学费高昂而且一直在涨。

西欧和日本的消费市场也有相似的趋势。这表明,有一种新的市场划分在起作用,它与人口动态而不是收入有关联。收入甚至使生活方式正日益成为购买的限制而不是动力。人口划分正在成为消费市场的驱动力——即使是在通货膨胀时期。

外出用餐的盛行直接与已婚在职女性的人数越来越多有关,因为对她们来说时间比金钱更紧缺。此外,它还与成年人口中老年人的数量增加有关，因为对这些老年人来说，外出用餐往往是他们逃脱限制和"跟上潮流"最简单的方法。

因此，我们或许会看到一个日益明显的趋势，那就是市场将明确地按照人口动态来划分。如今，一个巨大且日益增长的老年人市场已经形成，尤其是对那些比较长寿的老年人是如此。而且，这个市场是"抗经济衰退型的"，因为退休者的收入不受失业影响，大部分免税，还会针对通货膨胀得到调整。

另一个在景气时期购买力迅速增长的市场由受过高等教育的年轻人构成。在这个群体中，男女两性都工作因此也都有收入（在日本，这种趋势甚至愈演愈烈）。然而在他们中间，消费模式不同于传统家庭——传统家庭里只有一个养家糊口的人。在双薪家庭里，家庭预算仍旧是按照男性的收入来制订的。

在购买行为上，由受过良好教育的年轻人组成的家庭，不会把妻子的收入看成是"家庭收入"的一部分。与双薪蓝领家庭不同，受教育程度高的年轻家庭把妻子的薪水视为额外收入。家庭支出要根据丈夫的收入进行调整。妻子赚的钱越来越多地是用于意外的并且往往非常重要的开支，而不是用于日常生活。

在欧佩克石油冲击之后到1979年之前的这段时间里，美国汽车市场上最耀眼的明星凯迪拉克赛维利亚（Cadillac Seville）是一款豪华车，售价在15 000～20 000美元。这款车型是通用汽车为成功的专业男士设计的——这些人喜欢豪华，希望拥有一辆引人瞩目的名车，当然也要比较"经济"，油耗要相对较低。在1979年的汽油恐慌到来之前，赛维利亚的销售情况甚至要好于通用汽车的预期。但是，它的购买者主要是自己有收入的女性，而不是通用汽车原来瞄准的专业男士。另外，申请私立收费大学的学生人数增加，这在很大程度上也是因为受过良好教育的已婚职业女性。一些记录了谁为学生付账的学校报告说，指望用母亲的收入来给自己的大学教育埋单的申请者，其比例从 30 年前的 5% 左右急剧上升到了如今的 30%～40%。

另外，兼职工作者可能也构成了一个明确的消费细分市场。最后当然还有传统的市场：13～19 岁的青少年虽然在人数上显著减少了，但他们仍将构成一个巨大的市场，尽管他们可能不再引领时尚和决定生活方式；由父亲、母亲和两个孩子构成的传统美国家庭也将构成一个市场，尽管如今在这样的家庭里，母亲可能也要外出工作，至少是做兼职。

这些市场中的每一个都将购买不同的商品。最重要的是，每一个市场都将具有不同的消费价值观。同一个营销方法是否能够影响这些群体中的多个，会对哪些组合方式产生影响，这仍旧是无法确定的。

对管理战略的影响

人口变化及其动态是如此广泛又如此深入，以至于影响到了所有的组织、企业和公共服务机构。但是，因为这些变化太广泛了，所以人口动态又将对每一个机构甚至每一家企业产生不同的影响。

对一家机床制造商来说，新的消费市场划分可能没什么意义，但生产分工则可能是至关重要的。对医院的管理者来说，生产分工根本不重要：如果一家医院在底特律或者杜塞尔多夫，那么医院病床上的便盆就肯定要在底特律或者杜塞尔多夫倒掉，而这意味着在发达国家里，医院中最没有技术含量的工作的成本将上升至最高水平。然而，双薪家庭可能会对美国的医院产生重大影响：他们可能会使医院期望吸引客户的半径范围急剧缩小。如果一个孩子住院了，母亲就希望能陪床照顾或者至少一天探视两次。如果她不工作或者只是做兼职，那么她会很愿意从10~15英里外的家中来医院陪护；如果她是全职工作，那么即使汽油供应充足，要想让她轻松自如地往返于医院和工作单位，这个半径范围也得缩小到5英里左右。寿命的延长以及出生率的下降显然已经对医院的管理层产生了重大影响，但是退休者的消费模式或者跨国经济一体化对他们来说不过是些附带信息。

因此，这些变化要求各种经营机构都要仔细地研究它们可以创造哪些机会、它们要求组织对自身使命的定义做出哪些改变、它们预示着哪些行为转变和实践转变。人口动态代表着环境的转变——每个组织的市场、其产品或服务、其追求绩效的组织方式以及把产品或服务带给客户的方式等方面的转变。

即使是纯粹本地的小企业，可能也必须要学会跨国地思考和经营。那些已经置身于世界经济中的企业，将必须学会以完全不同的方式去思考和运作。在一个本地或区域市场中经营的小企业，可能必须要学会按照生产阶段跨国地组织自己的生产，而不是在一个集中的"制造"流程中去完成；或者，它们可能必须要学会从世界各地购买零件并组装，而不是像现在这样转售买回来的成品。

已经置身于世界经济中的企业，在自身的态度、行为和实践上面临着甚至更加富有挑战性的转变。它们将必须学会把发展中国家看成是生产的劳动密集阶段的潜在来源。它们还必须认识到，未来的"国外子公司"很可能不同于19世纪的国外子公司，尤其是在发展中国家。这些国外子公司的基础不是本地市场而是发展中国家的市场；它们不是"企业"而是"供应者"。关于国外子公司，应该提出的问题不是"它能够在自己的市场上创造多少销售额？"而是"为了与发达国家中的营销系统结合起来，它应该具备多大的出口零部件的生产能力？"

在政治上，跨国公司也要求有不同的态度、不同的政策和不同的措辞。一直以来，多国公司与发展中国家打交道都是基于这样一个假定：发展中国家看重的是它们的资本。但是今后，发展中国家越来越看重的贡献将是就业机会和出口收入。资本投资将会被控制在最低限度——这不仅仅是因为资本投资会让投资者沦为东道国的"俘虏"，容易受到政治或社会动乱的伤害。对一家置身于发展中国家的跨国公司来说，理想的处境是它们的海外营销能力可以让发展中国家从中受益（尤其是考虑到那些国家几乎肯定会有对经济相互依赖的抵制）。事实上，这可能也是唯一站得住脚的处境。

如果东道国具有形成一个真正的全国市场的潜力，并且随后能够让自身渐渐地融入世界经济中，那么这可能是最理想的了。因此对生产分工的制造阶段来说，最理想的场所可能是一个"近发达国家"（参见后面的第4章）——那里往往也是急需的外国管理者、专业人员、技术人员更喜欢生活的地方。但是与昨天的多国公司的基础不同，跨国经营的基础不是作为东道主的发展中国家的市场，而是劳动供给。而对东道国来说，外国企业的吸引力不是资本，而是它们能够在面向出口的经营中创造的就业机会和出口收入，是它们能够开拓和发展的海外市场，是它们能够给当地人提供的在一体化的世界经济中得到锻炼和发展的机会。

但是对很多的企业和大多数的公共服务机构来说，本土市场和本土社会中的人口动态可能同样要求创新思维——新的概念、新的态度、新的政策和新的实践。

从"劳动力"到"劳动大军"

得到经济学家和管理者支持的政府和政府统计，挂在嘴上的仍旧是"劳动力"。但是，这个术语正在变得容易引起误解。现在，出现得越来越多的是"劳动大军"——其中的各支"队伍"都有着不同的期望、不同的需求以及不同的特色。这些队伍受经济和社会变动（比如一次经济萧条）影响的程度大不相同。把这些劳动队伍视为一个均一的实体，就像大多数的人事政策和福利计划所奉行的以及工会一贯坚持的那样，这种做法只能引起麻烦。

让人误解的失业数字

每一个发达国家都还在坚持使用单一的失业数字。通常情况下，就像在美国一样，这个数字旨在测量失业的男性成年一家之主的人数。但是如今在西方的任何一个国家里，这个群体都已经是全体劳动大军中的少数派了。因此无论在什么地方，我们正在使用的这些数字都非常容易让人误解。一看到每月"失业"数字，大多数的美国人都会习惯性地以为，它报告的就是曾经有过而眼下正在积极地寻找一份全职工作的、有经验的成年男性的数量。然而在美国的失业数字中，大多数被报告为"失业者"的人都不是成年男性，以前也从来没有过一份全职工作，而且也甚至不适合于做全职，更不用说去积极地寻找了。

政府不能改正这些失业数字；它们已经变成了劳工运动的"不可侵犯之物"。但是，企业的经营者们至少能够学会怎样去解读它们。在美国的经济中，有三组就业数字是企业的经营者需要考虑的。

第一个就是劳动力参工（labor force participation）数字，包括参工劳动力的人数和比例。并不让人感到意外的是，言过其实的1973～1974年的"经济衰退"根本没有导致消费的减弱。因为在那段时间里，除了两个季度以外，劳动力参工和有工作的美国人总数都在不断地上升。这些数字才是消费者购买力真实、可靠的指标。

第二个有意义的数字是被雇用和未被雇用的男性成年一家之主的人数。这些劳动者在人数上只占整个劳动大军的一小部分，但他们贡献了整个经济中大部分的工作时间。在全职工人和技术工人当中，他们都占了压倒性的多数。此外，他们还仍旧是"家庭收入"的主要提供者，尤其是在低收入群体中。因此，他们的就业或失业是劳动力市场和工资压力最可靠的指标。

在美国1973～1974年的那次"经济衰退"期间，被充分雇用的男性成年一家之主的人数和比例只持续下降了 4 个月。在其余的时间里，这个数字一直稳定地上升。另外在这一时期，"充分就业率"也始终高于 96%。换句话说，在几乎整个这段时期里，想象中失业率应该很高，实际上美国却遭受了一次相当严重的劳动力短缺——正如任何一家试图雇用机械师或刀具调整工的雇主很快就会发现的那样。

最后还有一个官方的但也是纯粹政治上的"失业"数字。这个数字毫无意义，而且事实上对企业和经济政策来说具有误导性；但是，它可以体现措辞的程度以及政治压力的强度。

今后，在所有的发达国家里，高级管理者将必须要能够理解就业和失业数字的复杂性。而如果说他们必须要选择某个数字的话，那这个数字就应该是男性成年一家之主的就业和失业数字——从意义上来说，这个数字最接近于美国以及西欧的失业数字应该测量的对象。

需要多样的人事政策

我要再说一遍，企业的经营者无法改变容易让人误解的失业数字；他们只能学会去正确地解读那些数字。但是，他们可以改变本企业内部的人事政策——这些政策就像失业数字一样倾向于过时和误导。在大多数情况下，人事政策都是基于这样的假定：整个劳动大军是均一的，由全职工作且完全依赖于一个雇主付给的工资或薪水来养家糊口的成年男性一家之主构成。(英国规定就业已婚女性不参加国民保险制度，但像这样的例外非常少见。)

然而到了现在，这个群体在所有的发达国家里(可能日本例外)都已经是少数派。甚至越来越多的情况是，全职工作的成年男性已经不再是"一家之主"，而只是双薪家庭中的一个"分担者"。然而在我们目前的人事政策下，男性及其工作的配偶都被列入了福利计划——我们假定他们俩都是"养家糊口的人"，因此整个家庭必须被每个人的福利计划所包含。全职和兼职工作的女性越来越多，其中有些人是"一家之主"；另一些是嫁给了一个工作的丈夫并被看成是"受抚养的家属"；还有些人已经从一个职位上退休了，领着一份退休金，但后来又在为另一个雇主全职或兼职工作。类似的情况还有很多，上述的仅仅是主要群体中的一部分。

作为雇主，不管是政府、企业还是非营利组织，都将必须为这些不同的员工群体制定不同的人事政策。

目前，我们的培训计划、人事政策和监督管理都是面向一个员工群体，尤其是有很多政策都是面向昨天典型的职场新人——毫无经验的十五六岁的年轻人。让所有的员工都服从这样的计划、政策和管理，这几乎毫无道理。我们将越来越需要适合具体员工而不是迎合官僚的方便或传统的人事政策。

企业和政府还没有学会把劳动力市场看成是一个需要它们去推销职位的市场。然而，就像烤面包机、鞋子或杂志一样，职位也是一种"产品"，也需要推销给潜在的顾客。

一个在把孩子抚养大之后又出来找工作的成熟女性，在十多年的时间里一直是家中的"首席执行官"。没有人告诉她是该先擦灰还是该先铺床——但这两样家务事她都完成了。然而当她开始工作时，在原本需要一个老师和助手的情况下，她得到的却往往是一个"监督者"，会把她看成是一个从来没有独立地完成过什么的白痴。同样，一个退休后又在别处继续全职或兼职工作的老年人也知道该怎样做——事实上，他们之所以在退休后又出来工作，往往正是因为那是唯一一件他们知道该怎样去做的事。但是，在现有的人事政策中，他们的知识、成熟和经验则得不到利用。没有谁会问他们："你能做什么？"相反，他们会与那些中途退学的高中生一起被塞到一个"训练班"中。

　　天主教修女的某些神职的规则就是不该怎样做的极端例子。这些神职正在逐渐消失，因为它们不能招募到新的成员。在20世纪六七十年代，其中的大多数神职都经历过申请者人数的大幅上升，但过去一直很小的中途退职率甚至上升得更快。的确，没有多少年轻女性申请宗教职位——毕竟她们还有非常多的其他选择。但是，非常虔诚地信奉天主教的女教师或女护士越来越多——她们的年纪在50岁左右，害怕孤独和寂寞，因此渴望成为修女。然而，就像对待没有受过学校教育或没有工作经验的小姑娘一样，修道院让这些老年妇女也去接受同样的培训。这样一来，这些妇女当然会抗议："二十多年来我一直在照看我弟弟的孩子们。我过去一直在学校里教四年级或者在医院里值夜班。我知道怎样做缝纫——二十多年来，我弟弟家的孩子们的衣服都是我做的。但是当我申请去当修女时，他们竟然让我去参加初级缝纫班，还让我花3个小时听了一堂怎样烧开水的讲课。"

需要多样的福利选择

　　由于一百多年来劳工领袖的洗脑，雇主们终于相信了统一标准的福利。他们都在抱怨这些福利的成本。如今，"福利"几乎就像基本工资本身一样广泛。然而，这些钱有很多并没有给预期的接受者带去多少利益。

一个已婚女性，如果她的丈夫在自己的公司里拥有健康保险计划，那么她就不会从自己的健康保险中得到任何好处。然而不管怎样，她的薪水要被预扣8%～10%。（因为即使雇主付给她100%的薪水，这笔钱仍旧要由她自己来掏腰包。）另外，这位女士还得把个人收入的6%～8%存入公司的退休金计划——她很可能永远也不会从这个计划中拿回一分钱，而这仅仅是因为作为一个已婚女性，她不太可能在公司里坚持到有那种资格的时候。最重要的是，她还必须缴纳全额社会保险。然而在美国的制度下（其他国家也没有多大不同），在今后的20年里，她最好还是以要靠丈夫供养的家眷身份申请老年福利，而不是根据自己的收入去申请。不管怎样，所有发达国家的退休金制度都对已婚职业女性抱有同样的偏见。

在人口变化的时期，我们迫切需要的就是一个承认劳动大军多元化的福利政策。对一个员工来说是"福利"的东西，对另一个人来说可能仅仅是成本。任何一个雇主愿意和能够为员工福利储存的钱，其占工资和薪水的比例对每一个或每一类员工来说都应该是相同的。但是，这笔钱该用到什么地方，这应该取决于每个员工的需求、经济状况、家庭处境和寿命。福利政策应该采取一系列福利选择的形式，每个员工可以从中选出一套总的福利方案，让自己可以最大限度地利用这笔钱。因此，适合于不同员工的福利选择最好由员工自己做出。

工会领袖依赖于统一性并因此让大多数成员服从最大的一个少数派；对他们来说，这种让员工自己做出福利选择的主意是令人厌恶的。对始终相信自己才最了解什么对员工有益的政府官僚们来说，这个主意也同样不受欢迎。另外，这个主意还会受到雇主的抵制——他们认为管理上的便利性才是福利以及人事政策的终极标准。但是，这个主意会变得越来越有必要。当然，发达国家中的员工本身将坚决要求，在什么样的福利最适合于他们的问题上，他们一定要有自由选择的权力：自由选择第二职业生涯；自由选择是在规定的年龄退休还是留下来继续工作；在很大的程度上自由选择工作岗位。毕竟，这就是做一个知识工作者的实质——在发达国家里，知识工作者将越来越多地决定未来的人事和福利政策。

强制退休年龄的终结

在所有的发达国家里，退休年龄应该推迟、退休的规定应该更加灵活并尊重个人的决定，这将成为一个关乎经济存亡的问题。社会和经济实在无法供养那么多必须得到供养的人。而且，老年人将越来越强烈地抵制退休，他们将有足够的力量去坚持自己的意愿。在1935年的美国，是11个工作的人在供养1个老年人；而如今，这个比例是3∶1。到了1990年，这个比例将接近于2∶1。经济学家会告诉我们，"需要供养的"老年人数量的这种巨大增长，在某种程度上可以抵消儿童数量的急剧下降。但是，这在政治上、社会上和经济上都是不恰当的——这简直就是谬论。一个领到了薪水后必须给自己的孩子买鞋穿的工人，不会觉得自己是在为一个"陌生人"甚至是一个"需要供养的人"付账。他是在为自己的家人花钱。但是，如果有人从他的薪水中预扣了同样多的钱去供养某个退休者，那么他就有理由认为这是强制征税，他辛辛苦苦赚来的钱被强取豪夺了。

正在工作的人将抵制为那些不工作的人付账，尽管在身体上和心理上他们有这样的能力。同样，会有越来越多的老年人在退休后变成难以承受的负担；他们会遭到怨恨和抵制。

除非我们设法延长工作年限，否则我们就还是在把通胀压力塞进每个发达国家的经济。老年人倾向于消费而不是储蓄。因此，正在从年轻人的薪水转移到老年人的退休金当中的那些钱，会变成导致通货膨胀的购买力。反过来，这些年轻人将造成通胀压力，因为他们会要求增加收入以便补偿他们为供养老年退休者而付出的那些钱。换句话说，抚养比率将变得难以承受。

在每一个发达国家里，把工作人口与退休人口的比例控制在 3∶1 左右，这将必须成为经济和社会政策的一个首要目标。这意味着到了 1995 年，在所有的发达国家里，实际的退休年龄（也就是人们应该停止工作的年龄）有可能更接近于 72 岁，而不可能是西方的传统退休年龄 65 岁，更不用说日本的传统退休年龄 55 岁了。只要老年人至少是在兼职地工作，那么他们是"合法地"工作还是在"灰色经济"中工作都关系不大。

但是，促进工作寿命延长的主要力量将不会是经济学，而将会是老年人的需要——他们在身体上和心理上都还"年轻"，他们需要让自己忙起来，需要有事情可做，需要走出家门，需要去创造价值。

在《看不见的革命》(*The Unseen Revolution: How Pension Fund Socialism Came to America*) 一书中我曾经预言，到了 20 世纪 80 年代中期，美国的强制退休年龄将从 65 岁提高到 70 岁。几乎每一个批评者都认为这一预测荒谬透顶。当时，人人都认为美国的强制退休年龄会大幅度地降低。甚至有一项工会提案要求国会把强制退休年龄降低到 60 或 62 岁；政府、工会领袖、经济学家和雇主（不管是企业经营者还是大学校长）都强烈反对。然而在我的书出版了 12 个月之后，加利福尼亚的立法机构通过了一项法案，禁止任何年龄上的强制退休。其后不久，美国国会再一次不顾所有"有身份的"人的坚决反对，废止了联邦政府员工的任何强制退休年龄，并把所有其他员工的强制退休年龄提高到了 70 岁；而且人人都承认，国会将很快就会像加利福尼亚已经实施的那样彻底废除强制退休。这在一定程度上是因为来自老年人的压力——这种压力将变得更加有影响力。因为在发达国家里，老年人（在这种情况下就是指每一个年龄超过 55 岁、对传统退休年龄的规定非常关心的人）本身就是投票人口中的一个近多数群体，而这仅仅是因为他们参与投票的比例要远远高于年龄在 35 岁以下的选举人。当然，在一定程度上，强制退休年龄的提高或废除也是对无情经济学的一种响应。

在欧洲，这种趋势仍旧坚定地朝向相反的方向。在几乎每一个欧洲国家里，都存在着降低强制退休年龄的提案。只有日本愿意接受人口动态的逻辑。在日本，退休年龄如今正逼近 60 岁，尽管考虑到日本人预期寿命的真实情况，他们的退休年龄实际上应该是 70 岁——假如一定要有这样一个规定年龄的话。

但是，不管立法者和工会做出怎样的决定，越来越多的老年人都将既不愿意也不能够"退休"；他们会想方设法继续留在劳动大军中。在美国、西欧和日本，在任何地方，被官方视为已经退休但实际上仍在继续工作的老年人的比例正稳步上升。一个指标就是"黑色"或"灰色"劳动力市场或者"兼职"的稳定增长：这些人在全职或兼职地工作，却不向税务员报告自己的收入。

在 1979 年春天，英国税务局（Britain's Inland Revenue）的负责人估计，英国的真实国民收入中有 7.5% 从来就没有报告给税务员，因此也就从来没有出现在英国的国民收入统计中。对于瑞典，我听说这一估计数字高达国民总收入的 20% 或者说 1/5。在美国，政府的审计总署（General Accounting Office）最近估计，来自"兼职"的未报告收入要占个人收入的 10%。

对没收性税款的抵制肯定在这一现象中起了一定的作用，尤其是在像瑞典这样的国家——对于超出某个相当低的最高限额的收入，税率甚至高于 100%。但是，那些被官方视为"已经退休"的人，有很大一部分也必须算在"兼职者"或"黑工"之内。在大多数国家，被官方认定为退休的人要么根本不允许再去工作，就像在瑞典那样，是迫于工会的压力而放弃工作；要么就是像在美国那样，他们的退休金会被全部剥夺或者至少会被严重地削减。结果，这些人一边向官方报告说他们的确已经"退休了"，一边却以"兼职者"或"黑工"的身份瞒着官方继续工作。

对强制退休的抵制将被劳动大军中的教育转变大大地加强。目前在美国，达到65岁传统退休年龄的人，每10个当中就有8个只有初中文化；然而从今往后，每10个职场新人中就将有6个曾经接受过高中以上的正规学校教育。那些即将退休的人几乎一生都在从事体力劳动，而那些正在进入职场的人则主要是从事技术工作。总的来说，体力劳动者愿意在55岁或60岁（比如说给钢铁厂干了35年之后）退休。因此毫无疑问，一个有很多人的少数群体甚至是一个多数群体会再次开始工作——这既是因为把所有的时间都用来钓鱼或与邻居聊天令人厌烦，也是因为他们需要再多赚些钱，尽管他们感觉不到向税务员报告这些额外收入的心理冲动。

然而对知识工作者来说，继续做些有意义、能创造价值的事，这种渴望是无法抵挡的。

对第二职业生涯的需要

就知识工作者而言，这种不在任何规定年龄"退休"的需要，会促使他们在四五十岁时寻求第二职业生涯。如果一个人以前从未改换过职业，那么要想在65岁时找到一份新的工作是很不容易的。但是如果做的时间太长，任何类型的知识工作都会变得令人厌烦。在我们的组织里，到了40几岁就开始感到无聊的人比比皆是，而这就是因为他们干同样的工作干得太久了。

最坏的"罪犯"或许就是大学里的各个院系了,原因很简单:它们是限制性最强的雇主。刚刚开始讲授"法国大革命"的年轻学者喜欢这个主题;15年后,尽管他才刚过40岁,他却已经对这个主题感到厌烦了。他手中的教材是很久以前编写的;如今,一年两次的书评令他非常痛苦。他讲课都是简单地重复;甚至他讲的笑话都是老掉牙的,尽管听讲的孩子们还是会出于本分地笑几声。但是,学术界的规则使得他几乎没有可能去讲授历史的其他时期,更不要说彻底跳出历史系了。

医院也同样具有很强的限制性——一个拍 X 光片的技师几乎不可能转行去做物理疗法或医学技术。即使是企业——尽管目前而言企业是最灵活、最具流动性的环境——也仍旧倾向于让一个管理者或专业人员留在一个工作领域和环境中,直至他感到厌烦。他并不是被"耗尽了",但他的确需要进入一个不同的环境去迎接不同的挑战,需要被"移栽"。他需要一个第二职业生涯。他需要一个新的环境,有新的同事和新的挑战。

由于对第二职业生涯的要求日趋强烈,已经受过高等教育的成年人的继续教育将在未来几年里迅速发展。系统性地给有成就的中年管理者(尤其是中层管理者)安排新的职位,让他们去面对新的任务和新的挑战,这也将同样重要。

日本人尽管强调"终身雇用"和对一家企业的"忠心",但是实际上,同欧洲或美国比起来,他们在给管理者提供第二职业生涯方面做得更好。日本企业会在不过多考虑一个人以前的经验或正规培训的情况下，把管理人员从一个职能岗位调任到另一个职能岗位上。他们会毫不犹豫地让一个销售经理去担任会计主管，或者是让一个工程经理去担任人事经理。这样一来，同倾向于始终待在一个领域里的欧美管理者相比，日本大型企业中的高级管理人员往往经受过更多的刺激和变化。

总而言之，明天的雇主将必须学会怎样利用不同的员工：全职员工和兼职员工；男性员工和女性员工；已过退休年龄的员工；只对一项职能或技能感兴趣的员工（比如现今的计算机专家）；一旦完成了某项特定的任务就会去寻找下一个雇主的员工。无论是大学、医院还是企业，雇主将必须从管理人事转向管理人员。

"双头怪"

有一句老话说得好："你不能单靠医生来经营一家医院，但是没有医生你也不能经营一家医院。"同样地，每一个大学管理者都曾经说过（即使是自言自语）："你不能只靠教员来经营一所大学，但是，唉，没有教员你也不能经营一所大学。"这个道理适用于所有的现代组织，包括商业企业。所有的企业都正在变成"双头怪"——企业的绩效取决于专业人员，这些人献身于各自的学科而不是企业，他们越专注就越有成果；但是与此同时，他们又不得不为实现整个企业的目标而工作。"双头怪"的出现也是人口动态的结果。另外，这也是管理者必须学会驾驭动荡时期的又一例证。

专业人员总是抵制想让他们负责的企图。他们不对外行负责，他们的认同依据是资格而不是绩效，这就是做一个专业人员的实质——医生、律师、工程师或牧师都总是这样认为。情况曾经是这样，但如今这已经站不住脚了。只要专业人员还是一个小的边缘群体，没有他们社会就无法完美地运行，那么情况就会一如既往。然而在现代社会里，"专业人员"或者说那些自认为拥有独特的系统性知识并且主要对这些知识负责的人，恰恰是社会及其绩效能力的核心。他们不再是装饰品、奢侈品。过去他们靠各种证书来为自己辩护，而如今这种专业人员的传统权力已经不再有效。社会必须要求这些人想清楚他们应该对什么负责，要求他们对自己的贡献负起责任。

普遍的反应是认为专业人员的贡献是"无法衡量的"。但是在150年以前，体力劳动者的产出也曾经是"无法衡量的"——只是在弗雷德里克 W. 泰勒开始了他的任务研究之后，体力劳动才变成了可以衡量的。因此我们可以合理地假定，专业工作至少是能够被评价的。就衡量而言，一个人得到的结果应该是任何一个使用同一量尺的人都能够得到的。就评价而言，一个有见识、有资格的人得到的结果，照理应该是任何一个有见识、有资格的人都能够得到的。评价需要以信息和一些专门的知识为前提，但是在其他方面，评价就像衡量一样客观。我们应该能够评价专业人员的绩效，而且事实上，我们完全有这样的能力。

如今在美国的医院里，医疗职业被要求检查针对某类特定疾病的有效医疗的标准，然后还要在他们自己的医疗团体内部监督执业者对这些标准的遵守情况。主管机构希望这会在专业内部解决，这样，一个选择了异常诊治方法的医师就必须向一个负责特定服务的同行解释自己的行为。但是，如果专业人员不愿或不能用这种纪律来约束自身，那么美国的社会就一定会把这种纪律强加给他们——通过外行，比如医院的管理者，实际上，他们随后就变成了这个专业的"老板"。法律职业正在朝着同样的方向发展。另外，教师们也必须想清楚并讲清楚，社会、纳税人和家长应该期望从他们的授课绩效中得到什么，然后他们必须让自己对这些目标的实现负责——这种要求也正在迅速地变得越来越迫切。

专业人员是否应该负责这已经不再是问题。唯一的问题是，他们将建立自己的标准还是将等待外来强加的标准。

在新型的"双头怪"组织中，既有企业的管理层，也有专业人员群体（不管是会计师、市场调查人员、销售人员、工程师，还是质量控制人员）。组织的这种转变将迫使我们去接受相当激进的组织新概念。正如我们所知道的，商业组织从根本上已经具备了金字塔的形式，具有"命令"职能，并通过"提供建议"而不是"发布命令"的"辅助人员"来缓和。医院或大学将日益成为一种比传统的军队更好的模式，甚至对军队本身来说也将是这样。我们将越来越多地把组织看成是同心的、重叠的、协调的圆圈，而不是金字塔。组织需要"最高管理层"，需要一个最终的"司令部"——就像动物的躯体需要骨架一样。如果出现危险或紧急情况，组织就需要一个明确的决策核心，需要一个清楚的声音和统一的命令。但是，组织还需要承认，在特定的领域里，专业人员应该建立标准并确定他们的贡献应该是什么。

实际上，最高管理层可以安排培训计划。但是，他们无法告诉培训师该怎样培训。如果他们觉得当前的培训师不了解自己的任务，那么他们唯一能做的就是另找一个。一位大学校长可以决定增加或减少外语教学的预算。但是，他无法告诉教员们该怎样教授外语，甚至不能告诉他们该教授哪些外语。一位医院的管理者，不管他有没有医学学位，他都可以决定给临床神经科增加15张床位。但是那之后，怎样建设一个优秀的神经科，这就不在这位管理者的权限范围之内了。他只能要求神经科医师想清楚他们的目标是什么、他们的标准是什么、他们打算怎样有效地担负起本院神经科的诊疗责任。

但是，这位管理者必须确保专业人员会真正地负起责任、建立标准、设定目标并严格地参照这些标准和目标来评价他们的绩效。

这意味着未来的组织结构看起来会不同。一位著名的大学校长曾经说过："在这所大学里没有最高管理层。每一位教授，当然是每一位高级教授，都至少像我一样是'最高管理者'——我们当中没有一个人能够做决策。"这是描述现代组织的一种方式。但是，还有另一种方式就是一位重要的图书出版人谈论自己公司的方式："除了信差之外，在这家公司里就只有最高管理层了。"这也是一个恰当的描述；这实际上是说如果作者愿意把自己的作品托付给一家图书出版社，出版社必须怎样工作。这两种解释无疑都是正确的。换句话说，组织的内部环境将像其容身的外部环境一样趋于多元化。而且就像人口结构和人口动态的变化一样，组织从传统的金字塔向"双头怪"的转变也是一个需要得到管理的转变。

发展中国家的就业机会需求

人口动态正在挑战社会政策关注的重点以及对社会政策的限制——这对发展中国家来说犹如对发达国家一样重要。人口动态将迫使管理者带头改变人们普遍接受的信念，改变需要优先考虑的重点，制定新的就业和收入保障政策——既不同于西方的失业救济和对解雇员工的惩罚性限制，也不同于日本的"终身雇用"。

在发展中世界里，首要的任务将是为大量的年轻人创造就业机会。这将必须优先于民族的骄傲以及传统的信念、口号、情绪和憎恨。这是一个生死存亡的问题，而生存是第一位的。

一个来自发达世界的企业经营者，最好远离一个不承认这种紧迫性的发展中国家。这样的国家将非常危险，因为它们几乎一定不会有什么发展。像世界银行（World Bank）、国际货币基金组织（International Monetary Fund）和泛美开发银行（Inter-American Development Bank）这样的国际组织，将必须学会要求它们在发展中世界的客户把创造就业机会，尤其是在以向发达世界出口为目标的制造流程中创造就业机会，作为首要的政治和社会任务。

对那些最早认识到这一点的新加坡和韩国等国家和地区来说，这一直是其主要优势。这些现在都是"近发达的"国家和地区，而且有很多观察家都认为，韩国将是下一个完全发达的经济"强国"。这些国家和地区能有这样的成就，就是因为它们把在面向出口的制造业中创造就业机会摆在了首位，让所有其他考虑都服从这一目标。最极端的例子就是新加坡政府实行的自由市场和准跨国政策。

巴西在最近15年里的经济成功也直接依赖于其对创造就业机会的高度重视。然而巴西的例子也证明，这其中存在着巨大的风险。对创造就业机会的重视会导致社会紧张。这一定会同时引起社会不平等。在这样一种政策下，政府必定会鼓励管理者群体享有类似于发达世界中管理者享有的收入和生活方式的标准。或许，他们甚至需要生活得更好一些，即使仅仅是为了吸引和留住来自发达世界的知识型人才，不管是企业经营者、科学家、医生，还是工程师。同时，这个国家必须要在劳动力成本和生产力方面具有竞争力，而这意味着为了保持制造业中就业机会的迅速膨胀，它必须让工资的增长始终滞后于生产力的提高。这会在少数的上层和中层群体与迅速增长的工薪大众之间造成非常危险的社会不平等。

事实证明，相反的政策甚至更加危险。印度就一直奉行这样的政策：漠视创造就业机会的紧迫性，或者最多是嘴上说重视而实际上却不以为然。

印度政府的确是处于进退两难的境地。他们正尝试着给受过良好教育的群体规定一个最高收入限额。医生、工程师、高级管理者和大学教授，他们的税后年收入不允许超过6000或7000美元，其中包括了福利和"额外津贴"。即便如此，这些人的年收入仍旧是一个农民家庭可能赚到的年收入的 50～100 倍。对这样一个有 80% 的家庭生活在农村的国家来说，这种收入差距代表着极端的社会不平等。但是，同一个训练有素或受过良好教育的印度人能够在国外赚到的钱相比，这个得到容许的最高收入简直是微不足道。另外，在一个住房、汽车、就学、报纸或书籍等现代生活便利设施的拥有成本比西方还高很多的国家里，这个收入也大大低于他们达到城市中产阶级的最低生活标准所需要的收入。因此，在各个层次上，训练有素的、拥有技能的、受过良好教育的印度人都在源源不断地外流。而在留下来的那些人当中，官方的政策会导致大规模的腐败和普遍的愤世嫉俗。

就业机会的创造还引起了另一个问题。真正重要的不是就业机会的数量，而是富有成果的就业机会的数量。没有成果的或者不那么有成果的就业机会，实际上会抑制或阻碍生产性就业。事实上，它们能摧毁就业机会。

这一次，又是同样的国家和地区最早也最清楚地认识到了这一点。

中国的香港做得尤其突出。直到 1979 年越南难民开始涌入这座城市之前，在英国殖民政府基本上撒手不管的情况下，每一个来到香港的华人移民都可以在华人社区的帮助下，在几个月内找到一份生产性的就业机会。华人社区以华人的传统严密地控制着工资，尽管这种控制是非官方的，是通过社会压力而非规定和法令来实现的。公然的剥削令人不满；但是，可能让香港丧失竞争力的工资上涨压力也同样让人皱眉。"生产力是我们的一根准绳，"香港一位有影响力的社会活动家解释说，"工人们有权利最大限度地得益于生产力的提高,而雇主们必须提供相应的资本设备和操作方法,以确保员工们能够工作得'更聪明'并创造出更大的价值。但是,就像在当前的生产力条件下低工资会损害经济和社会一样,没有生产力的高工资也会造成同样的后果。"这无疑是理想化的,但它也的确是正确的原则。在这同时,香港一直保持着非常低的"一般性社会投资",尤其是对基本上没有生产性的政府工作岗位来说。

过去,尤其是在尼赫鲁(Nehru)执政的早期,印度曾经非常热衷于任何规模庞大的项目,不管是核反应堆还是钢铁厂。在最近几年里,印度开始强烈地反对这种规模至上的盲目追捧。但是,如今官方言论对相反做法的过分强调也同样是迷信的、有害的。例如在最近几年里,印度政府一直试图取缔纺织机械,甚至连装有一对自行车踏板的纺车也是被官方禁止的,尽管这项由聪明的印度人想出来的发明可以让纺纱者的纱线产量提高两倍。这种做法的唯一结果就是促成了一个活跃的黑市,有政府关系的小规模创业者可以在这里买到纺织机械;还促成了同样活跃的、半合法的自行车踏板交易,名义上是用于"替换旧的自行车踏板"。官方的态度至今仍没有改变。印度政府的一位最有影响力的经济学家对我总结说:"甘地犯下的严重错误就是鼓吹纺车。它的生产效率太高了。我们需要回到手工纺纱杆的时代,它可以为我们创造更多的就业机会。"

但是,穷国养不起那么多虽然转动纺纱杆却没有多少产出的群众。只有富国才能养得起大量靠福利救济生活的人口。印度以及其他发展中国家需要的,是能够让本国的资源得到最有效利用的就业机会。因为,它们需要能够在世界经济中为进入发达国家的市场而竞争。

对任何一个国家来说，不管它是发达国家还是发展中国家，"适合的"技术不在于是最重大的还是最微不足道的。"适合的"技术，它并不像我们在20世纪50年代所相信的那样是最耗费资本的，那是浪费。它也不是最耗费劳动力的，因为那同样是浪费。所谓"适合的"技术，是可以让现有的资源变得最富有成果并且也可以创造出最多就业机会的技术。

在今后20年左右的时间里，在发展中国家具有最大的"乘数效应"、在创造就业机会方面最有潜力的投资，将是对生产分工、对制造业的劳动密集阶段、对通过跨国联盟销往发达世界的产品进行的投资。

发达世界中的就业机会需求

对发达国家来说，严峻的现实将是传统职业（包括制造业和服务业）中的劳动力短缺而不是劳动力过剩。然而，这些国家中的管理者却必须要致力于创造就业机会，致力于使现有的工作岗位变得更有意义、更具挑战性、更加责任重大。

之所以会这样，是因为发达国家将不会缺少受过良好教育的人，甚至不会缺少受过良好教育的年轻人。相反在接下来的10年里，当最后几批"生育高峰"时期出生的人进入劳动力市场，怀着与他们可能得到的待遇相差甚远的高期望开始各自的职业生涯时，受过良好教育的劳动力将会过剩。

在"生育高峰"开始后的二十多年里，各个发达国家都出现了管理和专业群体的真空。从20世纪20年代一直到40年代，出生率始终都很低，以至于50年代早期的管理、专业和技术群体非常薄弱。一直到了70年代早期，这种状况仍旧没有好转。

高中学校数量激增的20世纪20年代，是美国学校（包括大学）大量雇用年轻人的最后时期——其后不久，这股风潮就遭到了大萧条和出生率稳步下降的双重打击。到了50年代中期，美国的教师群体一致地步入了老年。当生育高峰时期出生的人开始涌入职场时，为了跟上潮流，学校不得不为即将退休的每一位教师雇用三个接替者。美国银行业也是类似的情况，大规模雇用的最后时期也是持续到1929年之前。

在德国工业界，大规模雇用的最后时期一直持续到1925～1926年前后。第二次世界大战夺走了很多二三十岁的年轻人的生命；结果，在20世纪五六十年代出现了真空。在日本，从1934年起年轻人就开始进入军队而不是商业和企业；战后，整整一代的年长者升到了高层，而这导致中层出现了受过良好教育的年轻人的真空，并且这种状况一直持续到了70年代中期。

发达国家中的雇主不得不争夺所有走出校门的年轻人，尤其是接受过高等教育的年轻人。20世纪六七十年代的大学毕业生，尤其是拥有高等学位的毕业生，走出校门后就踏上了一条格外快捷的职业晋升之路。

"我真的不知道该怎样分配这些百分比，"纽约一家大银行的人事经理评论说，"但是我认为，就我们的年轻高层管理者而言，把他们职业成功的50%归功于他们的能力和勤奋，把另外的50%归功于人口统计特征，这种推测是公平合理的。"

结果，如今我们的高级企业管理者、高级大学教师、高级医院管理者等群体，其年龄结构就都严重地偏向于年轻人。

如今的典型情况是，在一家大型的美国银行里，一位副总裁助理的年龄在28岁上下；在很多大型的欧洲银行里也是这样。传统上，一个人要达到这样的级别、获得这样的头衔，通常需要为组织效力20多年的时间；而如今，这位副总裁助理的年龄也不过才二十几岁。然后，这位副总裁助理要向一位31岁的副总裁负责，副总裁则要向一位34岁的高级副总裁负责，高级副总裁则要向一位38岁的执行副总裁负责。类似的年龄结构在学术界、医院、政府机构以及营销组织中也很普遍。换句话说，年轻人的供应是充足的。然而，大量将在今后几年里完成高级的专业训练并获得高等学位的年轻人，他们都是在花旗银行（Citibank）——或者是德意志银行（Deutsche Bank）或巴黎国民银行（Banque Nationale de Paris）——的那位年轻副总裁助理的小弟弟或小妹妹。他们将非常合理地期望踏上一条相似的职业晋升之路。但是，几年前那些年长的哥哥或姐姐们毕业时还是真空的劳动力市场，如今对这些年轻点儿的毕业生们来说则已经供应充足，在很多领域里甚至已经饱和——比如在美国，面向年轻律师或年轻外科医生的市场就已经饱和。

在今后的5～10年里，发达国家中各种组织里的雇主都将面对他们最聪明、最有抱负、最有追求的年轻人中的挫折。这些人将不能像他们最近的前辈那样，指望快速的晋升会给他们带来满足感、成就感和回报。他们将需要意义更重大、更富有挑战性的任务。

这些任务将必须是怎样的任务呢？哪些挑战可以结合到新的工作岗位中？为了留住和培养一个能干、勤奋、有抱负的年轻人，需要让他得到怎样的成就和满足？这将是今后10年里管理层需要关心的一个重点。

在发达国家里，管理者和决策者都将必须认识到，满足"就业需求"越来越多地意味着为知识工作者、为受过良好教育的人创造生产性的就业机会。从数量的角度来说，这将是确确实实的。因为尽管愿意从事传统职位的人（尤其是适合于传统的、需要技能或不需要技能的体力劳动的人）将越来越短缺，但是有资格从事并且也期望从事知识工作的人将是供应充足的。对发达国家来说，重视这类工作岗位的创造以及其中的绩效，这将变得越来越重要。它们不能再指望从传统的劳动力上去竞争。成本实在太高了，而且这样的优势（比如存在于日本某些自动化程度很高的职业中的）都是暂时的，将会被发展中国家的生产力提高所抵消——更何况，发展中国家储备了大批可培养的年轻人，他们都渴望获得传统的能力和技术。发达国家只能期望保持它们的生活水平、教育水平和领导地位，假如它们能够有效地利用它们唯一具有明显优势的资源：让年轻人接受长期的学校教育，使他们有胜任知识工作的能力。

这意味着在所有的发达国家中，今后几十年里教育的标准和需求很可能会提高和增长。这个话题已经超出了本书的讨论范畴，但的确应该顺便提一下，即使仅仅是因为年轻一代或许已经意识到了这一点，已经在推动这种趋势了。人口统计特征还将进一步推动年轻人从社会科学这样的"通用学科"转向工程学、会计学或保健技术等这样的"实用知识"。我们甚至可以预期，这会更强烈地推动这些人在职业生涯的中期去接受专业和技术方面的继续教育或研究生教育。

在发达国家，知识工作将越来越有必要成为能够创造经济价值的工作。为了维持（更不用说提高了）它们已经习惯了的消费水平、教育水平和卫生保健水平，一般性社会投资和资本成本都很高的发达国家将必须要能够创造出很高的经济价值。这首先意味着就业增长主要还得是在经济部门当中，不管这个经济部门是"自由企业型的""国有型的"还是"混合型的"。其次，这意味着单单是人口统计特征就将要求发达国家抛弃注重需求的宏观经济学，转而投向注重生产力和供应的微观经济学（参见第1章和第2章）。

最重要的是，这意味着发达国家将必须学会优先重视生产分工。只有对生产分工进行精心的规划、组织、整合以及管理，发达国家才能成功地为国内大量的知识工作者创造出薪水丰厚、富有挑战性、能够带来成就感的就业岗位。

目前在所有的发达国家中，只有日本似乎已经认识到了这一点。尽管日本的经济和社会政策看起来关心的完全是传统体力劳动者的失业问题，其制定却是越来越多地基于牺牲体力工作来"换取"知识工作的意愿——考虑到日本的人口统计特征，这种交换是正确的，不管它在政治上是如何不受欢迎。相反的做法看起来就是英国的政策（我认为这是最具破坏性的做法）——英国首先重视的仍旧是日渐没落的老行业中的体力工作。

对冗余规划的需求

社会政策关注的新重点,是一些对昨天的员工(也就是体力劳动者)来说全新的东西:系统性的预期、系统性的加速和系统性的冗余规划。

在每一个发达国家里,我们都需要超越失业保险和终身雇用。这两种制度都是不充分的,都越来越没有能力达到预期的目标。从管理的角度来说,我们需要的是员工在整个经济中始终不会失业的承诺——这种承诺确保员工可以抵御由经济或科技的结构性转变所引起的冗余,但同时又可以保持(甚至提高)整个经济在结构上转变、适应和创新的能力。

发达国家将必须要能够快速地创新。它们将必须要能够最大限度地把工业生产流程自动化,否则就无法维持它们的工业。它们将必须要能够抛弃生产的劳动密集阶段以及劳动密集型产业。它们将必须迅速地发展新的生产的知识密集阶段以及知识密集型产业。而且,它们将必须相当迅速地转向新的能源。简而言之(就像我们在第 2 章中所看到的),它们将必须要能够发起结构性的转变;仅仅是适应将不足以确保其繁荣和社会凝聚。

想要利用传统的手段尤其是传统的贸易保护主义来逃避这些压力,这样的企图不可能成功。贸易保护主义可以把购买力从消费者转移到生产者;但是,考虑到发达国家新的人口统计特征,这种做法将是徒劳的。传统的贸易保护主义依赖于传统工人也就是体力工人的可用性。发达国家的问题将不在于其工人成本更高、产出更少——贸易保护主义资助的情况,而是在于没有人去做特定的工作,或者确切地说,没有足够多的人去完成特定工作的全部。

正如前面已经提到的，美国鞣革行业最近已经要求政府限制美国兽皮出口到境外去鞣制。但是在这同时，鞣革行业的领导者们也非常清楚，"没有多少美国人愿意从事鞣革行业、愿意干相关的脏活累活"，这才是该行业在美国生存的主要障碍。的确，再多一点儿的鞣革加工是有可能在今天的美国完成的，尽管其成本要高得多。但是，要想在美国鞣制出给美国人造皮鞋需要的全部甚或是大部分皮革，却是绝对不可能的。根本没有那么多可用的劳动力，不管鞣革行业可能会得到怎样的保护。对传统的非自动化设计的商船或者服装加工业来说，这也早已是不争的事实。

而如果劳动力不够用，贸易保护主义就不仅仅是转移购买力。它不仅仅会降低总体的生活水平，不仅仅是在"追求次优"。它会使生产者和消费者以及整个社会都变得贫穷。它会变成搬起石头砸自己的脚。

然而，对社会连续性的需求会继续存在，尤其是在快速变化的时期。除非发达国家能够预见到并解决好从体力劳动大军到知识劳动大军的快速转变所造成的社会问题，否则它们将无法迅速地适应，更不用说引领潮流了。

发达国家不可能再像英国那样经受一次失败的尝试——它们输不起。在最近这30年里，英国不成功的尝试已经造成了灾难性的后果：试图挽救昨天，却错过了明天（顺便提一句，保守党就像工党一样感到问心有愧，觉得受到了愚弄）。但是，发达国家也不能假装没有问题。问题的确相当小，但它是真实存在的。而且，它必须要得到处理。

发达国家的人口动态向我们提出了动荡时期的核心问题。用莎士比亚（Shakespeare）的话来说，它们就是"巨变"。它们将必须得到应对，得到组织中管理者的管理，而不是留给政府或政治家们去处理。作为一个围绕着整个经济的"社会问题"，这种变化可能看起来难以管理；但是在局部的层次上，在个别企业、个别大学、个别行业、个别城市或地区的层次上，这个问题是比较小的，是相对容易处理和解决的。

在美国的制鞋行业中，其就业正受生产分工威胁的工人可能有60 000人——大约占1亿就业劳动力的0.5‰。在这60 000人当中，有相当多的人不是问题。第一，这其中有不少人愿意提前退休；在美国的制造业里，每一个年龄超过55岁的员工在自己的社会保险中都有一个提早的退休计划——这至少是经济生存的一个基础。第二个相当大的群体是在这一行业中资历不足10年的年轻工人。他们通常完全有能力再找到新的工作，尽管他们可能需要职介帮助、推荐和建议，或许还需要一笔小额的重新安顿贷款。所以，核心的"问题"是那些年龄在30～55岁之间、有家庭但通常没有其他行业经验的工人——可能会占到总人数的一半左右。他们不太可能是最有造诣、最具流动性和喜欢冒险的人——这样的人很少会被吸引到衰退的行业中，当然也不会在其中坚守。他们集中在少数的位置上——他们几乎总是存在于衰退的行业或日渐过时的职业中。因此，尽管他们人数不多，但他们非常引人注意，有着强大的政治影响（毕竟，每一个国会或议会的选区都总是一个"摇摆"选区，非常微弱的多数投票人就能够改变一次选举的结果），能够阻碍议案的通过和行使否决权。而且从个体的角度来说，他们也是重要的。

如果仅从统计数据来看，似乎没有什么好担心的。在统计上，占压倒性多数的人们（甚至是那些年龄超过55岁的）可以在一两年内找到工作，而在那期间失业保险可以保护他们。

最新的一个例子就是俄亥俄州的钢铁城扬斯敦——当一家钢铁厂被关闭时，扬斯敦失去了一个重要的雇主。说到拥有一群无助的、不流动的、无知识的人口的单行业城市，扬斯敦就是最好的例子。在钢铁厂关闭之前，几乎没有哪一个被解雇的工人曾经为别的雇主工作过。没有其他的重要雇主来到这里。然而，在这家大型钢铁厂关门后的36个月中，每5个被其解雇的工人中就有4个已经找到了其他工作；诚然，从薪水的角度来说，不是所有的新工作都比得上他们原来在钢铁厂的工作，而且其中有很多还是兼职，但他们毕竟仍旧拥有可以养家糊口的工作。

毫无疑问，我想强调的是，这个问题更多的是一个心理问题，而不是一个经济问题。导致人们抵制科技或结构转变的是恐惧：对未知事物的恐惧，对被人忽视、被人抛弃和孤独寂寞的恐惧。系统性的冗余规划之所以非常有意义，恰恰是因为这个问题不是在经济上无法克服的——除非是整个地区的情况都越来越糟，就像20世纪20年代威尔士的煤矿或者几年后宾夕法尼亚州的无烟煤矿无煤可采那样。而且，这种系统性的规划之所以非常急需，也恰恰是因为真正的问题在于对未知事物的恐惧，在于工人们害怕自己会被抛弃到一个自己不知道或不理解的世界中。

还是以美国的制鞋行业为例。在这个行业中，生产分工的受益者在人数上至少是受威胁者的10倍。在美国,有超过500 000的牲畜饲养者以及他们的家人,他们的利益来自于牲畜的皮,他们的生计就取决于这些皮能否以一个在国际市场上有竞争力的价格鞣制成革。此外,在美国至少还有500 000名皮鞋批发商和零售商的员工,他们要靠卖皮鞋吃饭。但是,他们分散于全国的各个地区,而不是集中的;对他们来说,生产分工的好处是间接的,在很大程度上是看不见的。除非北卡罗来纳州那些为数不多的制鞋工人能够摆脱他们对结构性冗余的恐惧,否则他们就会行使否决权以阻止任何转变。

传统的方法不能解决这个问题。西方的失业保险和日本的"终身雇用"都是不够的;最新的方法——对冗余的惩罚性限制——无疑也是有害的,会让这个问题恶化。

失业保险的确给我们带来了很高的经济保障。但是,它始终没能给我们带来其最初的创始者英国人在50年前最关心的东西:心理安全感。日本的终身雇用已经创造了这种安全感,尽管享受到这种安全感的只是少数日本员工——因为根据规定,女性不被认为是"长期员工"并因此被排除在外,而在男性员工当中,也只有政府和大型企业的(后来是55岁以下的)雇员才有这样的资格。但是,尽管终身雇用带来了很高的心理安全感,它同时也造成了严重的结构僵化,并因日本传统的"工龄工资"的结构而进一步加剧——实际上这样一来,如果一个工人在比"入职年龄"(对体力工人来说是16岁,对职员工人来说是19岁,对管理和专业工人来说是22岁)大5～7岁的时候丢了工作,那他几乎就不可能再被雇用了。

第三种方法在西欧正变得更加流行，而且目前在美国也正得到推广：使冗余的代价变得如此之高，以至于冗余将会被延缓或者完全终止。

比利时在这个方向上可能走得最远。在比利时，解雇一个员工需要支付"遣散费"——这实际上意味着向该员工支付10年就业期后剩余时间里的全部薪水。这的确防止了员工们被解雇。但是，每有一个因此而保住了工作的人，就会有两三个不能被雇用的人。在比利时，没有人创立新公司。据我所知，有些公司需要高达20%的新员工，但他们竟然一个人也不雇用。有些比利时的经济学家（他们本身就是社会党人，与比利时的工会关系密切）认为，比利时之所以有西欧最高的失业率，完全是因为企业害怕承担冗余责任而造成的。

南美是这种冗余补偿起源的地方。在那里，企业逃避冗余补偿的途径有两个：要么在一个员工有资格获得冗余补偿前两天解雇他，两周后再重新雇用他（这实际上就是用不计酬的两周临时解雇替代了冗余补偿）；要么就像在阿根廷那样，企业根本不雇人。在这种情况下，就像在比利时一样，冗余补偿恰恰加重了它们原本该去减轻或防止的弊端。

就比利时的制度而言，问题不在于概念而在于实施。我们的确需要为员工（尤其是流动性、知识和视野都很有限的中年体力工人）提供长期雇用的保证。但是，我们采取的方式必须要鼓励而不是处罚企业的结构性转变，必须要促进而不是禁止人员的流动。

实际上，这个问题已经被简单而有效地解决过两回了。在1904~1905年的日俄战争之后，当羽翼尚未丰满的日本制造业陷入了

第一个萧条期时，三井集团（Mitsui Group）的首席执行官要求旗下的所有企业，必须尽早地向总部通报即将实施的临时解雇以及任何对人员的额外需求。然后，集团的总部会把一家企业的冗余员工安排到另一家企业去填补空缺。新雇主会根据一个新员工在其新职位上的工龄支付相应的工资，也就是入职工资。老雇主会补足入职工资与该员工根据其在三井集团的服务年限应得的工资之间的差额。另外，新老雇主会共同分担重新培训该员工以及重新安置其家庭所需的费用。

另一项在30年前形成于瑞典的政策要艰巨得多，但它甚至更加成功，因为它是预见冗余、加速冗余并把冗余变成员工的实际利益和机会。工会领袖古斯塔·雷恩（Gösta Rehn）意识到，瑞典迫切需要从未工业化的、原材料生产的经济转向现代化的、高技术的经济。有很多很多的瑞典员工将因此变成结构性冗余，不得不准备去找一份完全不同的新工作。1950年前后，雷恩在瑞典的每一个地区都建立了一个三方小组。该小组由雇主、工会和政府三方的代表构成，其任务就是至少提前两年预见到冗余，然后针对新的工作岗位重新培训即将成为冗余的员工。如果有必要，这个小组甚至会为冗余员工的重新安置筹集资金，并帮助他们及其家人找到新的工作。这项政策取得了令人赞叹的成功——一直到1970年前后，在雷恩计划（Rhen Plan）实施期间，瑞典的失业已经不存在了。然而，瑞典有大约一半的劳动力曾经变成冗余，并被安置到了新的工作岗位上。雷恩计划的成本非常低，大大低于西方国家所依赖的失业救济制度的成本。

我们所需要的是一个明确、坦诚、坚定的承诺，是对生计、生产性就业以及人员安置的承诺。这不应该是一个无限的承诺。在一个行业中干了不到 10 年的员工不需要这种承诺；他们还年轻，完全有能力重新安置自己。但是对年龄在 30 ～ 55 岁（或 60 岁）的体力工人和职员工人来说，我们需要做出对就业保障的承诺——这同时也是一个对预见冗余、对重新培训和安置冗余员工的承诺。正如瑞典的例子所表明的，这种承诺不是钱的问题，而主要是远见和领导能力的问题。但是没有这种承诺，不管是西方市场的还是社会主义的，发达国家的经济都将无法适应明天的变化。对它们来说，经济机会将变成可怕的威胁。

　　冗余规划必须是一次协同的冒险。员工必须参与其中——而且凡是有工会存在的地方，工会也一定会坚持成为一个参与者。但是，这种协作必须要由管理层来发起，因为只有特定企业、特定大学、特定医院的管理层才能够提前预见到几年后的冗余。冗余规划是管理层的一项重大职责，是动荡管理的一项重大任务。冗余规划还应该被企业、团体和社会作为实现有效领导的一次重大机会。

第 4 章 | CHAPTER 4

动荡环境中的管理

在其环境的三个相关方面——经济方面、社会方面和政治方面，管理层都面对着新的现实、新的挑战和新的不确定性。在经济方面，世界已经变得空前地一体化和相互依赖。如今的世界经济是真正的世界经济，正走向日益独立于任何本国货币或者至少与其"脱钩"的跨国货币。在这样的世界经济中不再有"关键货币"。经济主权的传统概念似乎不久前刚刚在凯恩斯经济学中取得了最后的胜利，但如今它正在迅速地变成一个笑柄。尽管世界经济日趋一体化，世界政治却日趋割裂；而且，政治割裂的过程显然并没有按常规发展。然而，政府手中的有效权力越小，他们就会越强烈地维护他们的控制。

在社会方面，20世纪真正的新概念之一是员工社会。在每一个发达国家，企业（尤其是大型企业）都在为工薪阶层也就是员工们的利益而经营。实际上，国民生产总值几乎都作为工资和薪水付给了员工们。在美国这个全球最重要的"资本主义"国家中，员工已经通过他们的退休基金而成为独特的"资本家"和大型企业最有影响的所有者。尽管没有实施国有化，美国却已经使大企业社会化了。然而到目前为止，还不存在与员工权力相称的员工责任，不存在体现员工所有制现实的社会制度。与此同时，在昨天"员工"还意味着"无产者"的地方，今天它却越来越多地意味着受过良好教育的、专业化的中产阶级。它意味着知识工作者而不是体力工人。但是迄今为止，还没有适当的措施可以让员工负担起符合其物主身份和地位的责任。管理层以及工会的合法性正因此受到挑战，处于转变和极度的危险之中。

最后，每一个发达国家的政治制度都已经变得多元化了。在所有的发达国家里，社会已经变成了组织的社会。在每一个发达国家，甚至是在极权主义的发达国家，政治程序正在从融合转向对抗。这使得每一个组织（包括商业企业）都变成了一个政治组织，必须要去吸引并迎合许多的"选民"（也就是公认有发言权或者至少有否决权的群体，尽管他们很可能丝毫都不关心该组织的首要使命和目标）。因此，管理者必须要变成政治的积极参与者，要争取主动，要设定目标，要创造愿景，而不是仅仅满足于被动地服从、响应和配合。

这些环境的挑战要求新的政策，其中有很多政策都相当激进；无论是在大型还是中小型企业里，这些挑战都给最高管理层带来了新的责任。

一体化的世界经济

在20世纪70年代早期，尼克松（Nixon）总统领导下的美国不再把美元作为"关键货币"。美国选择了对美元的浮动汇率，而这也意味着对所有其他货币的浮动汇率。从那以后，无论是在哪个国家，本国货币的外汇汇率都一直被公然用作国内政治的工具，始终受到操纵，而操纵者的目的就是为了在国内获得短期的经济甚至是政治优势。在几乎每一个发达国家里，货币都已经不再是价值标准，而是已经变成了政治、社会和经济游戏中的一张"百搭牌"㊀。

自从20世纪70年代早期以来，当浮动汇率变成了新的正统之后，经济思想就一直存在着两个学派。至少是在说英语的国家里，大多数的经济学家认为浮动汇率已经被普遍接受，浮动汇率是令人满意甚至必不可少的，任何回归固定汇率的尝试都会导致直接的灾难。

少数的经济学家（一个相当重要的群体）则坚持相反的观点。他们认为，浮动汇率只会纵容政府肆意挥霍，只会造成和输出通货膨胀，只会诱使政府制定即使从短期来看（更不用说长期了）也非常有害的经济政策。最重要的是，浮动汇率会撤销最后仅存的对政府的经济约束，并因此怂恿政府变得蛊惑人心、不负责任、放任通货膨胀。这些占少数的经济学家认为，整个世界必须要回归固定汇率，并且必须要尽早回归。

㊀ wild card，百搭牌，一张具有多个特定牌值的牌，持有者可以在游戏中任意指定它的某一个牌值，此处喻指"无法预知的因素"。——译者注

跨国的世界货币

两派的观点似乎不可调和。然而，世界经济已经在把这两种观点制度化了。如今，西方发达世界正在建立双重货币制度。这种制度越来越多地由两种货币构成：政府为了短期的政治目的可以在国内操纵的本国货币；不再以任何本国货币的形式发行的一种世界记账货币。世界经济和世界贸易越来越多地由基于购买力而不是基于任何本国通货的货币来支撑。但是，承载每个国家的本国经济及其贸易的货币，都越来越多地服从于当时的国内政策（即使不是服从于盲目崇拜）。多数经济学家主张的浮动汇率货币和少数经济学家拥护的固定汇率货币，都正在成为眼前的现实。正在被抛弃的，是最近300年来被普遍接受的一个公理：在任何一个国家里都只有一种货币，而这种货币不可避免地要以有统治者作为合法后盾的本国通货为基础。

至少是在最近10年里，世界贸易主要是由非政府的银行货币来支撑的。在20世纪50年代，苏联国家银行（Soviet State Bank）创造出了"欧洲美元"（Eurodollar）⊖。因为害怕万一美苏之间发生冲突时其美元存款会遭到冻结，苏联国家银行从纽约提走了其美元结存，并把这些钱存进了伦敦的银行。10年之后，当约翰逊（Johnson）总统为了安抚戴高乐（de Gaulle）将军（他担心欧洲会被美国的多国公司接管）而命令美国企业停止在海外投资美元时，世界经济共同体把这种"欧洲美元"作为了其记账货币。从那以后，在欧洲美元之外又增加了欧洲马

⊖ Eurodollar，欧洲美元，是指存储于美国之外特别是欧洲银行中的美元。——译者注

克（Euromark）、欧洲日元（Euroyen）、欧洲瑞士法郎（Euro-Swissfranc）等。教科书仍旧把"欧洲美元"定义为"一个非美国人拥有的、存储于美国之外的美元"。但是，这早就已经变成了谎言。欧洲美元、欧洲日元、欧洲马克或者欧洲瑞士法郎，它们都可以被任何人所拥有，都可以存储于任何地方。它们都是纯粹的记账货币，纯粹的银行货币。然而，它们已经日益成为世界经济的真实货币，而对此给予了最大推动的是拥有巨大流动资金的欧佩克卡特尔——自1973年以来，正是这些资金一直刺激着整个世界的银行系统。

到如今，欧洲货币（Eurocurrency）⊖的总额已经达到了大约1万亿美元。即使不算银行间的借贷，这笔钱仍旧可以达到6000～7000亿美元，多于以各个发达国家的所有货币形式存在的总流动资产。换句话说，欧洲货币，那些完全非物质的实体，是真正的世界经济的流通媒介。

回到1965年，当欧洲美元第一次作为世界贸易货币出现时，我们可以认为美元会保持稳定，美国政府会遵循负责任的货币政策。当然，这也正是欧洲货币与美元挂钩的原因。然而，不管在1965年这两个假定听起来可能是多么的不言自明，总之在1980年它们几乎是不合理的。因此，欧洲货币的主要持有者，也是世界信贷市场的流动资金的主要供应者，开始越来越强烈地要求确保他们的存款不受变化莫测的美国国内政策以及美国货币操纵的影响。他们一定会要求把他们的存款与购买力的标准单位而不是美元挂钩，从而摆脱美元贬值和通货膨胀的影响。

⊖ Eurocurrency，欧洲货币，指欧洲各国商业银行的各种外币存款。——译者注

在世界经济中，大部分的流动准备金被出口制造商（尤其是那些以贸易顺差巨大的国家为基地的制造商）以及欧佩克石油卡特尔的成员国所持有。这两个群体的立场和问题完全不同。但是，它们都必须努力地把自己的流动资金保持为不与任何一种本国货币挂钩的跨国货币。

以贸易顺差巨大的国家为基地的出口商，其生存或者至少是其偿付能力会受到本国货币尤其是美元的不稳定性的威胁。它们的债务必然主要是在出口国，而这些国家有支付顺差，也因此有相对坚挺的货币。它们的大部分收入要么是本来就疲软的货币，要么就是出于国内的政治原因而被操纵得疲软的货币，就像卡特任期内头几年里的美元一样。这些出口商可以在一定程度上通过套期保值来预防货币风险，但是外汇市场能够操作的套期保值的金额是相当有限的。另外，套期保值还会被认为是"投机"。这当然并不是投机；事实上，在货币不稳定期不套期保值才是投机，才是不负责任的做法。但是到目前为止，在金融界之外还没有谁理解或接受这一点。因此出口商，尤其是那些以货币坚挺的国家（也就是有贸易顺差和支付顺差的国家）为基地的出口商，会发现自身陷入了进退两难的境地。如果它们不套期保值，它们就是在拿自己的公司及其员工的工作冒险；如果它们套期保值，它们就很可能会被贴上"投机者"的标签，将要为原本是它们竭力逃避的通货紊乱背负罪责。一旦所有的货币都已经变成了政治筹码，大型的出口商就只有为它们的流动资金、应收账款、货币结存等要求某种形式的跨国货币。随着有越来越多的货币坚挺的国家（比如瑞士甚至是西德）迫于疲软或受操纵的货币不稳定的压力，为了预防输入通货膨胀而封堵来自海外的"外逃资本"，出口商对跨国货币的需求会变得更加强烈。

在世界经济中，持有流动资金的另一个主要群体是欧佩克的成员国。这些国家，尤其是人口相对较少的那些成员国，它们无法在自己的国家投资；在它们的国家里，需要投资的地方太少了。它们必须让它们的资金流动在本国之外，而这就意味着这些资金要以外国货币的形式存在。

在外面的各个石油输入国看来，欧佩克似乎非常成功。但是从欧佩克内部来看，这个卡特尔看起来肯定是一个巨大的失败，自1973年以来的岁月肯定是充满了痛苦的挫折和失望。就购买力而言，自从它们在1973年秋季把石油价格提高到了4倍以后，欧佩克的各成员国就一直眼睁睁地看着它们的收入不断地缩水。到了1978年，在伊朗的动乱导致政治诱因的石油短缺和恐慌性的过激反应（尤其是在美国）之前，从购买力的角度来说，各石油输出国得到的实际原油价格已经回落到了1973年以前的水平。用于石油支付的美元已经贬值了大约一半。在1973年，1美元可以兑换360日元。在1978年秋季，美元对日元的汇率已经跌到了1∶180～1∶190。而且，美元相对于德国马克或瑞士法郎等其他坚挺货币的贬值也在同样的水平，甚至更大。因此，从马克或日元的角度来说，欧佩克各成员国得到的价格仅仅是1973年的2倍左右。而自1973年以来，各石油生产国所购商品（主要是资本货物和技术含量较高的制成品）的价格已经暴涨：从马克或日元的角度来看至少已经翻了一番，从美元的角度来看则上涨了3

倍。换句话说，原油的价格上涨了，石油生产者用它们的原油收益所购商品的价格也上涨了，而后者的上涨幅度足以冲抵甚至超过前者的上涨。

这种情况注定会发生。除非产量真的短缺，产能的确不足，否则就还没有哪一个卡特尔能够增加以真实货币形式存在的收入。但是从实物供给（更不用说潜在供给了）的角度来说，至少在今后的10～15年里石油供应是充足的。现有的这种短缺是由三方面的原因造成的：石油生产国方面对产量的限制；美国政府的政策（比如价格控制）鼓励浪费而打击生产；石油生产国像1978～1979年的伊朗那样发生政治动乱。就像一个世纪以来我们对卡特尔理论的了解那样，在这样一些情况下，一个卡特尔不可能成功地以真实货币的形式提高其产品的价格。它要么会被迫降低价格——假如在1973～1978年间是固定汇率，那么就会发生这种情况，要么就是其价格的提高会被抵消——该卡特尔各成员用其销售收益所购商品的价格也会有同等水平的提高。

美国政府是否应该让石油卡特尔能够保持其牌价并允许（即便不是鼓励）美元的价值破坏，这是一个政治问题，而不是一个经济问题。但是毫无疑问，从亨利·基辛格（Henry Kissinger）开始，美国政府一直在故意地牺牲美元来维护石油卡特尔，从而维持中东地区并不安定的缓和局势。媒体曾经多次援引基辛格博士的话说："为石油付出的钱再多，也要比有一天我们不得不在中东打仗划算。"或许，这场赌博最终会连本带利地赢回来。

然而并不让人感到吃惊的是，石油生产国并不明白为什么它们无法得到它们自信满满地预期的收入。即使它们明白了其中的道理，它们也还是不能接受这样的现实。从它们的观点来看，这是它们的胜利果实被狡猾的货币操纵以某种手段攫取了。因此，它们迫切地希望它们的收入能够得到保障，能够抵御作为其收入载体的货币的持续贬值——尤其是国际贸易的传统货币美元的持续贬值。石油生产国必然会日益强烈地要求让它们在全球银行系统中的存款以能够保障其资金购买力的形式存在。要做到这一点，它们可以要求银行允许它们的存款兑换为多种货币，允许它们这些存款人在存款币种发生最轻微的贬值时取出存款。它们还可以把存款的票面价值与工业化国家的商品价格指数或制造商的批发价格指数关联起来，从而可以参照通货膨胀来调整存款。另外，这也可以通过黄金条款（gold clause）来实现。为了保护它们在全球银行系统中的存款免受通货膨胀和贬值的侵害，流动资金的主要持有者，也就是主要的出口商和欧佩克的各个成员国，正在越来越多地求助于上述的三种方法。只要各个主要国家（尤其是美国）仍旧把它们的货币视为"内政"，并且让它们的对外价值服从于国内政治的权宜之计，那么无论是出口商还是欧佩克的成员国就都别无选择。

但是反过来，一旦全球银行系统中有哪怕一小部分的存款变成了一种不作为任何一国的货币发行的跨国货币，各家银行就必须马上开始以相同的跨国单位发放其贷款。要是无法把存款中的货币风险转嫁给借款者，银行就不可能同意承担这些风险。因此，全球银行系统将承受开发出一种真正的跨国货币的压力。

在这同时，各国政府还是要把本国货币及其对外价值用作短期国内政策的工具，这种压力将会变得更大而不是更小。本国货币与国际市场货币之间的联系将变得更加微弱、更加疏远。我们将走向双重货币制度——在这种制度中，支撑世界经济、承载国际贸易的货币将不再是某一国货币的延伸，不再是某一国的货币和信用制度的延伸。

已经断定它们不能继续以本国货币来运转的不仅仅是跨国企业和欧佩克的成员国。在1979年夏天，一家美国工会——纽约州专业和技术员工工会——也要求，未来所有的劳动合同都要以黄金而不是美元来规定薪资和福利。

主权的终结

现代民族国家（national state）建立的基础是这样一个定理：政治版图和经济版图必须是一致的，两者的统一通过政府对货币的控制来实现——在16世纪，这个被首次提出的理论也是一个吓人的异端邪说。这种新的政治经济单位的代名词就是"主权"这一术语。在16世纪晚期之前，经济制度和政治制度是相当独立的。货币基本上是超越政治控制的，唯一的例外就是君主通过保留铸币权而获得了大量的利益。在17世纪以前的贸易要么是跨国的，要么就是纯粹本地的。在1500年的欧洲，在16世纪的长期通货膨胀摧毁当时的经济制度之前，长途贸易是通过贸易城市来完成的。16世纪的贸易城市就等同于今天的多国公司，同样饱受争议、批评和漫骂。国内经济是围绕某个集市城镇来组织的，这个城镇是自给自足的农业经济的中心——在这样的经济中，货币尽管也被用于计算，却仅仅是在非常有限的流通中。长途贸易和本地的集市城镇经济几乎是完全相互隔离的，前者实行自由市场价格，后者则受到严格的价格控制。

现代民族国家生来就有这样的主张：货币和信用必须要受到主权的控制，经济必须要整合到政治制度当中，即使仅仅是为了给君主提供征兵或收买雇佣兵的手段。现代民族国家建立了全国市场，在其中实现了长途贸易和本地贸易的统一。在20世纪的20年代晚期和30年代早期，"主权"在凯恩斯的理论中达到了其合理性的顶峰。实际上，凯恩斯的理论宣称，一个国家，或者至少是一个像当时的英国一样的主要国家，通过控制和操纵货币与信用，就可以在不问世界经济的情况下管理好本国经济，并且在很大程度上不受经济波动和经济周期的影响。

但是，第一个抛弃凯恩斯主义并提倡非政府的跨国货币的人，也是凯恩斯。

在第二次世界大战期间，即将走到生命终点的凯恩斯已经不再是一个"凯恩斯主义者"。他断定，没有哪一个国家的货币可能成为"关键货币"，世界需要一种真正的跨国货币。在战事最激烈的1942年，他建议采用"班科"（Bancor）作为跨国货币。"班科"将由一个由经济学家组成的跨国机构来管理；该机构将根据统计信息来操控"班科"，保持"班科"的购买力，为稳定发展的世界经济提供一种稳定的交换媒介。凯恩斯的这个建议被美国的凯恩斯主义者拒绝了——在促成了战后全球货币和银行系统的1944年的布雷顿森林会议（Bretton Woods Conference）上，这些凯恩斯主义者占据了主导地位。美国的凯恩斯主义者甚至比罗马教皇还神圣（信徒们往往都是这样）；他们怀疑凯恩斯是想让英镑永远扮演领导角色，因此把他的建议当作"大英帝国主义"来予以拒绝。但是，他们也拒绝了他的这种观点：任何想让一种货币成为"关键货币"的打算都是自以为是；无论是想让国民经济屈从于世界经济（这是"关键货币"履行其职责所必需的），还是想让世界经济屈从于任何一国的国民经济，这都是不可能的。美国的凯恩斯主义者们确信，美元有实力同时成为"关键货币"和本国货币；美国的经济学家，尤其是那些为政府服务的经济学家，有足够的技巧、智慧、能力和独立性去管理好同时扮演两种角色的美元。

在开始的 25 年里，美国的凯恩斯主义者似乎兑现了他们的承诺；但到了 20 世纪 60 年代，他们不再履行诺言。在肯尼迪总统任期内，事实开始清楚地证明凯恩斯是正确的，而美国的凯恩斯主义者是错误的。到如今，没有哪一种本国货币可能成为世界经济的"关键货币"，世界经济不允许其货币屈从于任何一种本国货币，这些事实都已经不再有任何的疑问。

作为硕果仅存的 20 世纪 30 年代的经济学天才和最突出的非凯恩斯主义者，F. A. 哈耶克（F. A. Hayek）在 3 年前得出了合乎逻辑的结论。哈耶克提出，货币应该彻底地脱离政府。他认为，全球的各家主要银行都应该有权发行自己的货币，然后让市场来决定该信任哪家银行。换句话说，哈耶克建议货币与政治主权之间的联系应该被彻底切断。

如今我们知道，凯恩斯所建议的"非政治的客观的专家"并不存在——他就像独角兽一样是虚构的。凯恩斯的"经济学家国王们"会在政治上受到控制和操纵，他们本身会立刻变成政客。但是我认为，我们还是得承认，对哈耶克认为货币应该摆脱任何一类"专家"的控制、应该交给自由市场中使用货币的生产者和消费者去决定的合理建议来说，时机尚未成熟。

暂时来说，本国货币将肯定还是政治的、政府的货币。但是，世界经济的货币将日益成为一种介于凯恩斯的"班科"与哈耶克的自由市场银行货币之间的货币。这种货币将越来越多地由全球的主要银行来管理，而且反过来，它将越来越多地通过笨拙、生硬、效率低下（但仍旧有效）的方法来适应于购买力，而不是适应于任何一种币值。

跨国货币的出现可能预示着政治历史和政治理论上的一个重大转折点。它可能暗示着"主权"的终结，可能是20世纪经济和政治日益背离这一趋势的结局。

20世纪的世界经济已经变得相互依赖。如今，没有哪个国家大得足以成为一个经济活动和经济政策的自主单位。在19世纪，一些如今看起来相当小的国家，比如当时的英国或俾斯麦建立的德国，在规模、经济活动和经济潜力等方面都足以成为自主的经济中心，不管他们在国际贸易中陷得有多深。如今，即使是大得多且富得多的美国，也不足以成为独立的经济体。世界经济已经迅速地变成了"跨国的"而不是国际的。对来自世界各地的原材料的依赖仅仅是一个征兆；生产分工的迅速发展则是另一个。

但是对真正的跨国经济的出现来说，或许最明显的一个标志就是少数大银行非常意外地作为真正的"世界级"银行出现了。作为现代银行的前身，文艺复兴时期的金融公司（比如佛罗伦萨的梅第奇（Medicis）以及100年后奥格斯堡的富格尔（Fuggers））都是在国际上经营的。当由存款者而不是所有者提供资金的股份制银行在1800年前后出现时，作为第一家基于这些新原则的银行，根据亚历山大·汉密尔顿（Alexander Hamilton）的设想建立的纽约银行（Bank of New York）也很快就走向了国际。从1830年以后，英格兰和苏格兰的商业银行扩张成了大英帝国。第一家真正"现代的"银行，也就是1870年创建于柏林的德意志银行，几乎立刻就在伦敦和上海开设了分行，并在南欧和南美设立了分支机构。

但是这些完整地经历了第二次世界大战的银行，仍旧还是"国家级"银行。其国际业务是其祖国与外界之间的业务。德意志银行可能是那一时期最"国际化的"大银行；在1913年，其业务和收入至少有1/3是来自于"国际"交易。但是，这些也是德国与外界之间的全部交易，包括德国的出口、德国的进口、德国企业在海外的投资以及外国企业在德国的投资。由德意志银行提供资金的每一笔国际交易，都有一只脚坚定地踏在德国的领土上。在最近的20年里，全球最大的一些银行已经有越来越多的业务变成了"跨国的"，换句话说，发生这些业务的两个国家，都不是该银行的总部所在的国家。例如，纽约花旗银行的东京分行将直接与花旗的沙特分行或杜塞尔多夫分行交易；无论是东京花旗还是杜塞尔多夫花旗，其客户都不太可能是一家美国公司；这笔交易不一定与美国的出口或进口有关，也不一定涉及在美投资或美国的对外投资。

成为一家"世界级"银行需要有一个强大的总部。这个总部要有能力处理全球范围内的信息；这种能力不是轻易就能获得的，而只能由一个全球性的网络以及大量的交易来支持；它所要求的交易量，大大超出了任何一国的经济能够产生和支持的交易量。在"世界级"这一级别里，银行的数量可能不会超过12家。其他25～30家大银行，也就是"区域性银行"，或许也能参与跨国业务，但不会取得领导地位。但是，那些"世界级"银行是存在的，而且一打相互竞争的银行是任何一国（除了极端敌视全国性银行的美国）的经济都不愿或不能承受的，这些事实本身就预示着世界经济将是一个独立的整体，而不是各国经济的集合。

由银行管理的跨国货币的出现是世界经济一体化的结果——或许还是一个必然结果。即使是在严重的经济衰退时期，或者是在革命性的动乱时期，世界经济的相互依赖也将持续。发达国家对原材料进口的依赖将至少同现在一样严重，或许会更加严重。发展中国家甚至会更多地依赖于从实行市场经济的发达国家进口粮食——只有这些国家才具有造成大量粮食过剩所需的资本、技术和分销系统。而且，由现代的通信技术创造的共同愿景将一定会持续。

破裂的世界政治

尽管世界经济已经真正地成为"全世界的经济"，世界政治却变得越来越支离破碎。在1901年，当大英帝国吞并了布尔共和国（Boer Republics）时，那是地图绘制者最后一次不得不拿起铅笔去扩大一块已经存在的版图。这是一个多世纪以来小的政治单位整合成较大政治单位这一过程的终结，而这个过程的开始是北美十三州殖民地组建了美利坚合众国。从 1901 年以后，一个地理学家就总是要因为领土的分裂而不得不更换自己的地图。第一次是在 1906 年，当时挪威从瑞典分裂了出去。从那以后，分裂就一直在持续。奥匈帝国和土耳其帝国（Turkish Empire）首当其冲，接着是英、法、荷兰以及葡萄牙的殖民帝国——当然还有俾斯麦的德国。这些 19 世纪的古老帝国，都是在一个政治单位中容纳了不同的语言和民族。在它们当中，只有俄罗斯帝国（Russian Empire）还没有分裂。

在 1914 年，当第一次世界大战爆发时，世界上只有 50 个独立的国家，其中有 20 个在欧洲、20 个在美洲。如今，世界上已经有了大约 200 个国家，其中有些比传统欧洲国家的一个郡或一个镇区还小，比起美国西部的县来就更是小得多。尽管如此，所有的国家都宣称是"主权国家"，都有自己的武装力量、官僚机构、外交使团以及在联合国的席位——也都有制造一枚核弹的能力。而且分裂的时代还没有结束。

然而迄今为止，对于作为政治一体化单位的民族国家来说，可供选择的替代形式还没有出现。想要建立超国家单位的所有尝试都失败了。同当年国际联盟（League of Nations）诞生甚至是 35 年前联合国成立时相比，如今这种尝试看起来更是不太可能成功。

世界经济的基本趋势推动一体化，而世界政治的基本趋势推动分裂，因此，在这两类基本趋势之间就存在着日益尖锐的冲突。而且，政权或者说民族国家的政府的自负与其在经济领域中无能的现实之间的冲突也在日益加剧。就民族国家而言，第二次世界大战后的时期开始于最傲慢的经济控制主张，也就是20世纪30年代的凯恩斯主义——在四五十年代，这在几乎所有的发达国家里都变成了公认的常识。但是在战后时期，有效的政策始终只是那些承认世界经济占据主导地位的政策。日本和德国之所以能够作为经济的最成功的政府管理者脱颖而出，恰恰是因为它们依据了一个新颖的前提，那就是制定国内的经济政策要首先精心地评价世界经济。例如，日本人在20世纪50年代早期开始了他们的快速增长，而他们凭借的就是对世界经济中的工业趋势和科技趋势所做的全面而彻底的分析。这帮助他们指引国内的经济发展远离了其他发达国家试图保护的传统行业（比如纺织业），开始朝着像照相机、磁带录音机、汽车、收音机和电视机这样的高技术行业努力。德国人则主要是在他们的几家大银行的领导下走过了几乎完全一样的道路。两个崇尚凯恩斯主义的国家，也就是英国和美国，它们都最坚定地相信中央政府有能力控制和建立自主的国内经济，而它们的表现也最差。日本和德国努力地控制供应以适应世界经济的需求；它们成功了。英国和美国努力地控制需求以迎合国内的经济目标；它们失败了。

但是，国家主权控制国民经济的主张越是变得穷途末路，政府就越会顽强地坚持。这样一来，经济现实与政治现实、经济事实与政治借口之间的裂隙就变得越来越宽了。一个国家把自己想象得越强大，其政策制定者因此而产生的挫折感就越强烈。像瑞士或荷兰这样的小国家，始终都知道它们没有控制权。但是那些自认为"强国"的国家，却无法轻易地接受世界经济中将不再有"超级大国"的事实。世界经济有它自己的动态，有它自己以世界级银行的形式存在的组织，也有它自己以跨国货币形式存在的货币和信用。然而，世界政治没有组织；它甚至没有像前现代的欧洲所具有的教皇或贵族阶层那样的统一的非国有标志。

一体化的世界经济和分裂的世界政治只能在紧张、冲突以及相互误解中共存。然而，两者都是客观现实，经济组织的高级管理者必须重视它们，必须学会忍受它们，而且实际上，管理者也应该能够把它们变成创业的机会。

世界经济中的"近发达"国家

就像发达国家中的消费市场正在根据人口动态重新调整一样（参见第3章），世界经济中的市场和经济体也在根据发展动态进行调整。

人们仍旧习惯于说"发达"国家和"发展中"国家。但是，这种说法已经变得危险了，容易产生误导。对企业的管理者以及经济政策的制定者来说，最重要的类别既不是"发达"国家，也不是"发展中"国家，而是那些"近发达国家"：巴西、墨西哥和新加坡、韩国，以及位于地中海北缘的那些国家。"近发达国家"能够做到任何一件它们决定去做的事——但是，它们还不能同时做到很多件事。它们可以培养出能够满足大部分管理和技术需求的高素质人才，但是通常来说，它们还不能创造所需的技术。它们有相当巨大并且增长迅速的国内市场，但是就它们需要的就业岗位而言，它们仍将在很大程度上依赖于"生产分工"，也就是说，要依赖于从事商品生产的劳动密集阶段——然后，这些商品大多将被销往劳动力缺乏的西方和日本。

人们普遍认为，随着欧佩克卡特尔在 1973 年的成立，世界经济的增长走到了尽头。这种看法根本不对。发达国家的经济增长的确是慢下来了，尽管在日本和美国减慢后的增长速度在早期其实还应该算是快速的。然而在近发达国家，经济增长根本没有减速，尽管这些国家受石油卡特尔及其垄断定价惯例的打击最沉重。

这些国家很有希望成为世界经济中的重要因素。对西方和日本来说，这些国家也是最合适的生产分工伙伴。它们最容易从发达世界获得受过良好教育的年轻人。一个年轻的瑞典人或德国人不太可能愿意长期生活在炎热的非洲或马来西亚。然而，他会在马德里或雅典过得很自在，他能够过上他和妻子期望的那种生活——有剧院和像样的学校，可以欣赏歌剧，可以到海滨或滑雪胜地去度假。同样，一个年轻的美国人也不会愿意生活在加勒比海中的一个热带岛屿上，不会愿意久居玻利维亚或印度，不管他可能会多么高兴到这些地方去度假。但是，在墨西哥城或者里约热内卢他会觉得就像在家一样，而且语言也不会成为太大的障碍。一个年轻的日本人（至少一个年轻的男性日本人）同样也会喜欢墨西哥城；相反，生活在印度或者西非这类真正的"发展中"环境里，他可能会感到非常不自在。

从文化和个人的角度来说，近发达国家最有可能渐渐地融入世界经济中，而这恰恰是因为一个外国的管理者或技术人员能够在那里过上自己期望的生活。在这些国家里，来自西方发达国家或者日本的年轻的高级管理者、年轻的工程师或者化学家，他们可以得到的机会和回报与他们期望在本国得到的一样好，在有些情况下甚至会更好。最重要的是，他们能够如愿以偿。在真正的"发展中"国家，比如印度、非洲或牙买加，每天的工作和生活都让人感到挫折，要想有所成就简直是难如登天。

近发达国家是非常危险的；青春期和快速的增长总是动荡的。除了华人社会和韩国以外，其他的近发达国家，除非它们能够为大批即将成年的年轻人找到生产分工的就业岗位，否则它们也将遇到尖锐的人口问题，也将陷入严重的社会动乱。为了抵消欧佩克卡特尔的掠夺，它们不得不高筑债台。在它们当中的大多数国家里（华人社会还是例外），强烈的抵触情绪会影响它们向世界经济的融合，尤其是影响生产分工。在这些国家里，传统的经济民族主义肯定会要求制造行业是本国所有的，是完全综合的，并且只面向国内市场生产。但是，这恰恰最不利于这些国家的经济发展，恰恰与它们在今后25年里成为经济强国所需要的背道而驰。因此，这些国家可能会受到社会和经济动荡的威胁，可能易于遭受突然的金融恐慌（"近发达"国家的特点），可能发生严重的仇外袭击。换句话说，它们可能就像19世纪晚期和20世纪早期处于同样发展阶段的美国一样，民众看起来和听起来非常粗鲁，行为举止则非常的狂妄自大。但是，就像美国后来提供了增长机会一样，它们也可能会提供类似的机会。

尽管有那么多的空话，第二次世界大战后的"发展中"国家对发达世界的企业来说并不重要（就像前面曾经提到的那样）。除了采矿业和银行业之外，几乎没有多少发达世界的投资进入发展中国家，其总额很可能比19世纪的任何一个时期都要少。发达国家的企业几乎都是在发达国家投资，在发达国家生产，在发达国家销售。在真正的"发展中"国家，无论是在印度还是在非洲，我认为情况在今后的 20 年里也不会有太大的改变。但是，作为生产分工中的合作伙伴，作为零部件以及生产阶段的来源，作为商业活动和投资的领域，甚至是随着其国内市场的不断成长而作为营销领域，近发达国家却会变得越来越重要。就像在第二次世界大战后的 30 年里，成为经济"超级大国"的日本大大地改变了世界的经济地图一样，在今后的 25 年里，近发达国家看来也将对世界的经济地图产生同样巨大的影响。

当前，把近期的"经济发展"视为失败成了一种时髦。但这不过是我们这个时代的愚蠢言行之一。在历史上，以前从来没有哪个时期的经济发展能像 1950 年后的 30 年这么快速、这么广泛。在这一时期，经济发展不仅达到并超过了 30 年前提出的过分的发展目标，甚至也超过了肯尼迪总统的"进步联盟"提出的更浮夸的发展目标。这种增长发生了，尽管我们完全没有料到发展中国家的婴儿死亡率会大大降低（前面曾经讨论过）并导致人口的爆炸性增长。尽管由于"人口爆炸"，绝对国民经济增长率转化为人均增长率后"仅为"每年 2%～3%，但是这样的增长率仍旧是空前的，大大高于 19 世纪欧洲的增长率。即使是按人均增长率，恐怕也只有相信奇迹的人才会把 20 世纪 50 年代和 60 年代的"经济发展"看成是"失败"。

但是的确发生了的——我们认为应该在 1950 年发生却没有发生的——是这 30 年中的增长就像以往一样不均衡。事实上，再多说"发展中国家"或"第三世界"，好像这些国家有什么相似之处一样，这已经没什么道理了。有很多地区根本就没有增长。例如在热带非洲的很多国家里,如今的国民生产总值比殖民统治末期还低。然而,近发达国家在这一时期的增长速度却是空前的。它们将来可能要面对严重的问题;但是,这些问题将大大不同于"发展中国家"的那些问题,将是由极端快速、极端不均衡的增长而不是增长失败导致的。

从经济总量的角度来说,近发达国家相当于又一个美国或又一个西欧,而其总人口约为2亿~2.5亿。它们的脱颖而出至少潜在上就像日本的崛起一样,是一个巨大的变化。它们很可能带来不同寻常的机会:作为供应者;作为购买者,尤其是机械、工艺和整套工厂等技术产品的购买者;作为投资场所。它们还可能变成危险的竞争对手。日本尤其会发现,在其赖以取得领导地位的产品上,特别是在技术先进的消费品上,它们正受到这些近发达国家的严重威胁。

在25~30年内,有些近发达国家应该会得到充分的发展,尽管在很多情况下它们仍旧贫穷——就像日本一直到了20世纪60年代中期仍然非常穷一样。到那时,它们还应该彻底地融入了世界经济中,与目前的"发达"国家是既合作又竞争。如今,发达国家的企业管理者必须关注这些国家,必须研究和了解它们,必须针对它们制定谨慎的目标和明确的战略。

但是,我们也必须质疑经济影响力的天平正在向原料供应者倾斜的流行论调,质疑任何的"短缺"预言。同20世纪的头75年相比,贸易条件几乎肯定会变得甚至更彻底地有利于发达国家,不利于生产原材料的发展中国家。

首先，最有可能供应不足的物质是粮食。然而，仅有的巨大的粮食过剩存在于发达的自由市场国家和地区：美国、加拿大、西欧。巴西有能力成为除咖啡之外的粮食的主要出口国，但是迄今为止，巴西的农业仍然处于未工业化的水平。日本可能会大幅度地提高其粮食产量，尤其是动物蛋白的产量；但是，其仍将是一个粮食净进口国。那些未工业化的国家既没有资本，也没有受过训练的农场劳动力，更没有适当的分配制度，因此几乎不可能使粮食产量的增长速度超过其人口的快速增长。自 1900 年以来，农业生产力在发达的工业化国家里一直如此迅速地提高，这个与 19 世纪的任何一个人所接受的自然法则相悖的事实，构成了 20 世纪的贸易条件越来越不利于未工业化的"发展中"国家的稳固基础。只有当未工业化的国家成功地实现了工业化，当它们的农耕变成了一种产业而不再是一种生活方式时，这种趋势才能被逆转。

至于能源，所有将来用以替代或补充石油的来源要么是在发达国家里（比如主要存在于北美的煤炭），要么就是需要巨大的资本投资和先进技术。到了 21 世纪早期，美国肯定应该是世界领先的能源出口国。

最后，任何的工业原材料都不会出现短缺；所有重要的工业原材料——纤维、金属和矿石——都会供过于求。这样的短缺只会是由政治原因导致的。在很大程度上，这样的短缺将是由于未工业化的原材料生产国的贸易条件恶化以及可能由此导致的紧张。第三世界国家想要改变贸易条件的尝试（比如通过卡特尔）不太可能成功。实际上，那些真正的初期生产者国家（比如从事农业的印度），其处境可能会因为"近发达"国家的出现而变得更糟——随着它们把第三世界甩在身后,这些近发达国家本身也会变成越来越有成果、越来越高效的原材料生产者。

因为缺乏一个适合于后凯恩斯主义世界经济的现实的、公认的理论,动荡会进一步加剧。在发达国家,尤其是在美国和英国,政府的经济顾问们还会把凯恩斯主义的过时教条坚持多久,这还很难说。这些教条非常充分地满足了经济学家和政客们的自负,以至于它们很难被抛弃。但是,即使我们抛弃了那些仍旧在世界经济中支配国家政策的错觉,迄今为止,我们也几乎没有经过检验的理论可以取代它们。而没有一个可靠的理论作为坚实的基础,可靠的政策就不太可能形成。

因此更加重要的是,企业的管理者在确定航向时应该参照两颗"恒星"——两个在动荡的环境中几乎确定的因素:作为一体化系统的世界经济的形成以及随之而来的跨国银行货币的出现;近发达国家的枢纽作用——这些国家实现全面经济发展的成败,将在很大程度上决定今后几十年里整个世界经济的成败。

面向世界经济的经营政策

发达国家的企业将必须学会同时生存在两个世界中:在拥有其跨国货币的世界经济中;在货币越来越多地服务于短期政治目的的民族国家中。世界经济将提供日益完整的经济一体化,尽管民族国家的世界政治将导致日益严重的分裂以及甚至更小的国家主权单位。

跨国货币在世界经济中的出现，使得任何国家的国内企业都必须采纳针对通货膨胀进行调整的会计核算。否则，企业就根本无法了解它们的经济现实。即使没有通货膨胀，必须面向分别表现为本国货币和跨国货币的国内经济和国际经济建立两套不同的会计制度，这个任务也足够艰巨了。那些必然以各个所在国的本国货币建立账目、然后必须调整这些账目并把它们合并为一套总体数字的大型多国公司，从来都不认为这样的操作方法简单易行。但是，如果以本国货币记录的账目不针对通货膨胀进行调整，那么要想调整来自不同国家的账目并使它们彼此一致，这简直就是不可能的。

企业，即使是规模相当小的企业，将必须开始针对世界经济而不是国内经济的战略思考和战略规划。首先，世界经济可以利用的数据仍旧是相当可靠的，相反国内的经济数据则已经变得甚至更加扭曲和不可靠——无论是国内的失业数字、物价指数，还是国内的货币供应量数字。通货膨胀对此负有一定的责任——它使我们很难（甚至无法）比较不同时期的数字。而政府也在操纵这些数字，因为它们在经济政策中坚持的理论离现实越来越远、预测功能越来越差。经济动态越来越多地存在于世界经济中。因此，即使是一家主要在国内经营的企业，也将必须首先分析世界经济中的趋势、发展和期望，而不是单纯地考虑国内因素。在美国、德国、英国或日本等当今的主要国民经济体中，企业在最近100年里已经被迫从本地思考转向了全国思考，即使它们自己的市场是纯粹本地的或区域的。在美国，这种转变发生在第一次世界大战前后，而在日本甚至更晚。加利福尼亚市场直到20世纪30年代都还是孤立的；但是，那些没有学会全国思考的加州企业都在大萧条期间破产了，不管它们在加利福尼亚市场上的地位多么不可动摇。现在，企业将必须学会从世界经济的角度去思考，即使它们自己的市场和业务主要是（或者似乎是）国内的。

在20世纪50年代早期以前，国际业务一直倾向于组织成一家具有"国际部"的国内公司。在最近30年里，甚至中等规模的企业也已经学会了按照主要的地理区域来组织，或者是按照在北美、欧洲等这样的地理区域内协调的世界性产品部门来组织。但是，这种新近出现的组织结构将很快被证明是力不从心的。组织单位的正确划分将不是按照地理的划分，而很可能将是按照发展阶段的划分：一两个主要的组织单位负责发达国家中的业务；一个单位面向近发达国家（这或许是最重要的组织单位，需要做出最关键的决策，承担最大的风险）；一个单位面向原材料生产者；或许还有一个单位面向真正的落后地区——对某些特殊业务来说，它们可能是重要的出口市场。对那些跨越地理边界通过生产分工来整合的企业来说，另外拥有一个完全非地理的单位可能的确是非常理想的。对这样一种结构来说，主要的障碍，也就是担心它会把过于沉重的旅行负担强加给负责协调的高级管理者的顾虑，将主要通过增强对电子"会议"（参见第2章）的信心来解决。如果我们还是按照地理而不是发展阶段来组织，我们就是要把在管理和创业方面具有大不相同的问题、机会和特色的地区塞进一个组织篮子里。结构必须服从战略，而世界经济中的战略肯定会改变——既是因为生产分工的影响，也是因为近发达国家的地位和重要性的快速变化。

最后，最高管理层的结构也将必须做出调整以适应新的现实。不久以前，甚至是在最具国际思维的企业中，最高管理层也主要是作为国内业务的最高管理层。只是在有空闲的时候，他们才会注意"外界的"或"国外的"事物。有太多的企业，甚至是大型企业，其最高管理层实际上仍旧全职地管理着国内企业，兼职地管理着"其他的"。因此，这些企业不能从世界经济的巨大发展中受益。通用汽车就是一个典型例子——在最近的30年里，其在北美以外的地方表现非常差，尽管一开始占有压倒性的优势。之所以会这样，主要的原因就是通用汽车在底特律的最高管理层始终只是通用汽车美国公司的最高管理层。在底特律，没有人真正有时间或有兴趣关心世界汽车市场，或者真的了解它。在通用汽车，能干的高级管理者不会去管国外的工作，即使他们能帮上忙——那没什么前途。在同一时期，福特在美国之外的世界市场上超过了通用汽车，而这在很大程度上是因为他们是着眼于全球来组织的——福特北美只是福特的一个地理分部，有它自己独立的管理层。

从现在起，中等规模的企业以及很多甚至相当小的企业，将必须重新组织其最高管理层，让首席执行官管理全球范围内的整个企业而不是任何一个地理单位。否则，最高管理层将忽视和怠慢世界经济，将不会去努力地理解它，将对它的威胁疏于防范，将不能抓住它带来的机会。但是，考虑到在生产分工中必不可少的关系是联盟内部而不是等级结构内部的关系，最高管理者或最高管理团队还必须要能够与全球范围内的合作伙伴而不是下属打交道。否则，企业就不会有合作伙伴。

员工社会

在社会领域，发达国家的管理层面临着今后几年里最大的机会和最大的威胁。在发达国家里，社会已经变成了员工社会。这使得管理层有机会在一个牢固、持久的新基础上确立其合法性。但是，它也让管理层面临着丧失合法性和自主权的危险。工会也面临着失去作用的威胁，但管理层留下的权力真空给了它们延续自身权力的最后机会，尽管它们再也不能发挥原先的社会作用了。

在每一个发达国家里，员工们通过工资和薪水获取了绝大部分（几乎是全部）的国民产值。在每一个发达国家里，有85%～90%的经济成果正在以工资和薪水的形式支出。而且，余下的大部分实际上也是薪水；无论是专业人员（比如医生）还是小店主，自雇者的薪酬并非"利润"而且肯定也不是"投资回报"，而是他们的劳务报酬。甚至是美国企业的报告"收益"，实际上也大部分是员工收入——也就是递延工资。这些钱主要被用来积累员工的退休基金，或者正在作为这些基金所持证券的利息进行支付；这两项加起来要占到美国企业税后收益的2/3左右。剩下用来支付资本成本和形成未来资本的钱实际上非常少。

根据传统的定义，"剥削者"就是靠损害"劳苦大众"的利益不劳而获的人。在发达国家里，如今唯一适用于这一定义的群体就是"贫困阶层"，就是官方认定的不工作的"穷人"——供养他们就需要牺牲工作人口的利益。在"转移支付"仍旧略微低于西欧的美国，"贫困阶层"的家庭如今从转移支付中获取的收入,甚至高于蓝领工作家庭通过劳动获取的平均收入。在福利计划和社会保障制度下的支付是不征税的,而且在官方的数字中,以救济食物券、租金补贴或卫生保健等形式支付的大量非薪金收入也不被计为"收入"。这样一来,转移支付的接受者实际上可以得到每户每年 10 000 ~ 11 000 美元的税前收入,要高于非双薪蓝领家庭的平均收入。因此,从传统的角度来说,转移支付的接受者应当被称为"剥削者";但是我想,没有人会把他们称为"资本家"。

如果说"资本家"就是生产资料的所有者,那么唯一的"资本家"就是美国的员工。不管怎样,每个发达国家的经济以及其中的企业都是为员工的利益经营的。然而到目前为止,只有在美国员工才是真正的所有者,或者至少从法律的角度来说是"受益所有者"。通过他们的退休基金,美国企业的员工持有公开持股企业——也就是所有大型美国企业——大约 1/3 的股本。⊖其他员工——自雇者或所在企业没有为他们建立正式的退休金计划的员工,他们的退休基金持有了美国企业股本的另外 5% ~ 10%;有些估计甚至更高。因此,员工通过他们的退休基金无处不在地持有了美国企业 1/3 ~ 2/5 的股本。这些员工退休基金是唯一的主要所有者,只有他们才符合"资本家"的传统定义。

在别的地方,同样的现实变成了不同的制度。或许最有启发性的就是日本。

⊖ 请参见拙著《看不见的革命》(*The Unseen Revolution: How Pension Fund Socialism Came to America*)。

"终身雇用"意味着日本企业要为员工的利益经营。员工的就业权利压倒一切。这非常像最正统的"财产"（property）定义；根据日本的惯例，只有在企业破产或无偿付能力的情况下，享受"终身雇用"的权利才会被放弃——同样的惯例也总是用来限制传统的所有权。在日本，股权在很大程度上是供应商-客户关系的一个符号，而不是法律意义上的"财产"。实质上，资本本身不是通过普通股而是通过银行信贷来提供的，在法律上被视为"债务"。但是，一家向汽车制造商供应钢板的钢铁公司，将持有该汽车公司8%的股份；反过来，这家汽车公司将持有该钢铁公司5%的股份。或者，这家汽车公司尽管并不持有某个小的零件供应商的股份，却将为构成该供应商资本的银行信贷提供担保。在各家主要的日本企业中间，这种客户与供应商之间的交叉持股占到了企业股权的一半——占较小企业的银行债务的比例往往更高。很显然，这样一些股份的持有者一点儿都不关心红利，就像那家钢铁公司，其关心的是汽车公司发来的钢板订单。"所有权"（ownership）实际上是一种相互责任的关系，而不是一种权利。所有的"权利"都在有资格享受"终身雇用"的员工那里。

西方传统定义中"不可分割的所有权"（indivisible ownership），在日本至少被分割成了两部分或三部分：在实行"终身雇用"的大企业里，只要企业还在继续经营，员工们就持有最大的一份；当企业面临破产的危险时，银行变成了享有优先权的所有者；记名股东承担着日本传统的相互承诺，在很多方面类似于日本传统的宗族成员之间的相互责任，事实上没有任何"财产"或"所有权"的含义。

在欧洲的发达国家里情况就更加混乱。在英国就像在美国一样，退休基金、互助组织（Friendly Societies）、保险公司等专门代表员工资源的金融中介，持有着各家大型企业的少数控股股份或多数股份。在欧洲大陆，控股权益的运用是通过商业银行来实现的——当然，这些银行的资源在很大程度上代表着社会储蓄，而且同样主要是员工们的储蓄。但是在几乎所有的欧洲国家里，冗余准备金同样确立了近似于"终身雇用"的员工优先权。在一桩影响深远的案件中，欧共体最高法院（High Court of the European Community）在诠释"终身雇用"上甚至比日本人还要彻底。该法院裁定，只要雇主还拥有除破产公司之外的其他资产，他们就必须向被解雇的员工支付遣散费——在有些情况下，其总额等同于员工剩余工作生涯的全部薪水。

在员工社会中，只有员工才真的有可能成为"资本家"或大企业的"所有者"。当然从个人的角度来说，员工通常并不富有；他们最多也就是还算富裕。然而从全体的角度来说，他们却是经济中所需庞大资本唯一可以利用的来源。恰恰是通过其作为"资本主义"经济的发展，现代经济已经淘汰了"资本家"。这已经使投资所需的资本总额变得如此巨大，以至于任何一个或一组富人都几乎无力承担。

卡尔·马克思最深刻的见解之一就是两种"财产"之间的差别：个人财产，比如个人的住宅或其他个人所有物（汽车、钢琴或者别墅），不能带来对生产资料的支配权；另一种财产，可以带来对生产资料的支配权。世界各地的大型企业都已经社会化了，员工们是受益所有者——要么像在美国那样，通过退休基金来受益；要么像在日本那样，通过终身雇用来受益。而且，尽管两种方案在西欧都没有得到广泛的应用，但欧洲大企业的员工同样是通过冗余准备金受益的受益所有者——最重要的是，冗余准备金的实际效果近似于日本的"终身雇用"，即确保员工的就业权利（实际上就是财产权）优先于所有其他的财产权或财产请求。

律师们似乎从来就没有注意到，在大约2000年前由罗马法学家首先提出的、然后在16世纪经过重新阐释的"所有权"和"财产"的概念，如今已经不再适用了。律师们所谓"受益所有权"的定义，确切地说是在回避该怎样定义它的问题。对任何一个年龄超过45岁的美国员工来说，不管他是看门人还是执行副总裁，以退休金形式存在的股份都很可能是他最大的一笔财产。但是，他的这些股份并不能拿来出售、典当、抵押或遗赠；而且，在他死亡以前，也就是在他的要求权终止以前，这笔财产的准确价值是无法确定的。从个人的角度来说，它并不是"财产"，尽管它的确有"价值"。但是从全体的角度来说，这个员工与自己的同事们通过退休基金（真正的法定"所有人"）持有着以生产资料形式存在的所有权；而且，保护个人退休金的立法正在赋予员工越来越多的管理基金以及向其索赔的权利——这非常类似于对传统"所有者"的财产权的保护。

受雇中产阶级

因此在发达国家里，一个已经变成了唯一现存的真正"资本家"的员工，看起来非常不同于传统的"无产者"或工会所谓的"受压迫的劳动者"。他可能仍旧是"蓝领"，是一个体力工人。但是，他在经济上是"中产阶级"，具有中产阶级高收入保障的特征。如今在发达国家，一个从事制造业、采矿业、建筑业（都是19世纪的"无产者"从事的典型行业）的体力工人有希望得到自己的完全收入（full income），而且因为有针对长期失业的免税政策，他的实际收入往往会更高。例如在美国，他的收入实际上可以得到长达两年或两年以上的支付承诺。但更重要的是，这个昨天的"无产者"如今在教育、见识、期望等方面都是属于中产阶级的。如今唯一还能表现出19世纪工人阶级特征的群体，就是不久前才进入工业化世界的新移民，比如美国黑人、来自墨西哥农场的美籍墨西哥人、都灵的西西里人或者是德国的土耳其"外来工人"。大多数人，不管他们仍旧多么强烈地反对"资产阶级"，也不管他们多么令人信服地继承阶级意识强烈的英国工人的"衣钵"，他们都已经通过正规的学校教育或大众传媒获得了见识和能力，而这些见识和能力已经彻底地改变了发达国家中"阶级"一词的含义。

此外，员工群体的重心无疑也已经发生了转移，不再是蓝领工人了——或许在英国是例外，因为在那里，离校年龄和入职年龄的提高幅度比任何其他的发达国家都要小得多。在别的国家，如今有一半的年轻男性至少要念完中学，也就是要上学到18岁以后，并因此成为知识工作者而不是体力工人。在数量上，传统的体力工人或许仍旧是多数——尽管如今在美国和北欧他们已经仅仅勉强是多数。但是，"员工群体"的重心已经急剧地转向了受过良好教育的受雇中产阶级，也就是把自身视为"技术人员"或"专业人员"的群体。反过来，在受过高等教育的群体中，占压倒性多数（大约90%以上）的成员以"员工"的身份出去工作，而且愿意一直以这样的身份度过自己的整个工作生涯。⊖

就在不久以前，受过良好教育的群体还被认为不应该受雇于人。他们以"专业人员"的身份为自己工作。就算他们居然被雇用了，那也是当教师或当牧师。尽管他们领薪水，却没有人是他们的"老板"。如今，这个群体主要是教育程度有限并为自己工作的人，比如修理工、手艺人、小店主等。即使是在那些以从业者的独立性为显著特色的行业里，比如在医疗、法律或会计等行业中，合伙执业也正在日益成为惯例。

在组织当中，这已经导致了我前面提到的"双头怪"的出现。但是对社会以及社会结构来说，这种转变也同样重要，甚至更重要。对于受过良好教育的受雇中产阶级来说，他们的地位、职能、权力和责任将成为发达国家今后100年里的主要社会问题。

这些人把自己看成是昨天独立的专业人员的继承者；但是，他们是员工。这些人是唯一现存的"资本家"；然而，他们是受雇用的。这些人不是"老板"；但是，他们也不是"下属"。他们向某个人"负责"而不是"听从命令"。他们为某个组织而不是某个人工作。他们构成了一个新的社会阶层、一种新的社会现象——它与我们的理论、我们的认知

⊖ 关于这一基本社会转变更早的讨论，请参见拙著《新社会》（*The New Society*, New York: Harper & Row, 1949; London: Wm. Heinemann, 1949）。自此以后，就这一主题有更深入的讨论，尤其是London School of Economics 的德国社会学家Rolf Dalurendorf 和法国社会学家Michel Grozier。

甚至他们的自我认知都不一致。这在很大程度上可以解释他们的矛盾处境。新保守主义者，比如欧文·克里斯托尔（Irving Kristol），喜欢谈论"新阶层"，谈论受过良好教育的"知识分子"——他们远离了生产和分配的肮脏过程，并因此有可能与"资本主义"及其所有的工作对立起来。这仅仅是一种不完全的解释。现实远比这微妙、复杂得多。为组织（不管是企业还是"第三部门"的非营利机构）工作的中层管理者对他们与组织的关系感到非常矛盾。他们喜欢自己的工作，他们对自己的职位感到满意，他们心里非常清楚，要不是组织给他们提供了管理或专业职位，他们就不可能在经济或社会地位上过得像现在这样轻松安逸。但是，他们也会感到尴尬，感到良心不安，因为他们的价值观和他们的道义是属于"专业人员"的——后者在组织之外工作，靠独立自主来获得自己的社会地位，不用感谢某个人或某个组织，而只需感谢诸如"法律"或"医疗"之类没有人情味儿的抽象概念。他们强烈地感到他们需要让自己融入组织，但是同时，他们也同样强烈地感到他们需要维护自己的独立性。这种矛盾心理可以解释为什么他们既不是传统意义上的"保守主义者"，也不是"自由主义者"。这也可以解释为什么他们既支持反对组织化社会的事业（比如环境保护、政府管制等），然而同时又支持经济发展，追求物质享受和讲究的生活，而且最重要的是追求个人富有。

他们感到困惑，因为他们的处境混乱且令人迷惑。他们是唯一现存的资本家，唯一的"所有者"；然而，他们的所有权却没有附带权力。他们是唯一现存的"专家"，是操控性知识的唯一拥有者；然而，他们的知识却没有附带责任，他们的职能也没有附带地位。

"权力追随财产"

在 1700 年，也就是大约 300 年前，现代政治思想的奠基人之一英国人詹姆斯·哈林顿（James Harrington）在《大洋国》(Oceana) 中解释说，1688 年英格兰爆发的"光荣革命"（Glorious Revolution）是不可避免的，因为经济权力已经不再与政治权力站在一起——前者已经落入了拥有土地的新贵族手中，后者却仍旧掌握在国王和传统贵族手中。哈林顿引述亚里士多德（Aristotle）的话说："权力追随财产。"政治权力必须与经济权力保持一致，反之亦然。

责任追随知识

还有一句同样古老的、至少可以追溯到亚里士多德时代的格言又说，"责任追随知识"。知识不仅仅是包含巨大的责任；知识必须要被赋予责任，否则它就会变得不负责任、骄傲自大。它会变成欧文·克里斯托尔所说的"新阶层"——骄傲但痛苦，热切却"孤立"。

在如今的发达国家里，上述两条法则都遭到了违背。员工们拥有财产，他们是"资本家"。然而，他们却不知道这一点，他们既不参与权力的行使，也不承担所有权的责任。员工们拥有知识。即使是一个"高中辍学的"值车工，他所得到的学校教育和见识也要远远好于一个 70 年前的值车工。早先那个值车工的孙子很可能已经在高中毕业后上完了

4年大学，目前正在利用晚上的时间上课，希望拿到工商管理的硕士学位或者是地质学的博士学位。但是在自己工作的地方，他并没有被迫承担与其知识相称的责任。他在领薪水，而且是丰厚的薪水；事实上，他的薪水太高了，与组织要求他承担的责任根本不相配。他既不必对自己的所有者权力负责，也不必对自己的知识权力负责。实际上，这可以解释他的不安、他的不满、他的内心空虚。如今的员工有收入也有收入保障。他有政治社会中的权力但缺少在组织中的权力。他有职能但缺少地位。他缺少责任。

既然"权力追随财产"，那么除非管理者让"财产"也就是员工成为权力结构和企业控制的一部分，否则他们就无法保持自己的控制权。对处在员工社会中的管理层来说，一个重大挑战就是要把员工的生产资料所有权转化为管理层合法性的坚实基础。管理层面临的另一个重大挑战，是要把员工的知识转化为他在企业内部以及工作岗位上的责任。

在1920年前后，经济当中的社会权力开始脱离传统的资本家也就是19世纪的"所有者"，落入了将自身的地位和权力归功于职能和绩效的职业经理人手中。在1940年，早期的管理作家詹姆斯·伯纳姆（James Burnham）在《管理革命》(The Managerial Revolution) 一书中断言，在现代社会中，权力将追随职能而不是财产或被统治者的赞同。这本书产生了巨大的影响。然而，还是有一些人从一开始就持怀疑态度。㊀

㊀ 我就是其中之一，并在一年后表达了自己的看法。关于此，请参见拙著《工业人的未来》(The Future of Industrial Man, New York: John Day, 1941; London: Wm. Heinemann, 1942)。

职业管理层或许是有能力、负责任并且表现出色的。但是，它仍旧面临着合法性的严重危机，因为它已经不能再以昨天的也就是资本家所有者的经济权力为基础，而且迄今为止，它还没有找到任何其他的基础。

企业经营者仍旧以为，利用与大企业一致的利益以及大量的当地政治力量，他们能够在"小资产阶级"中找到足够稳固的基础。但是，"小资产阶级"是一个消失的物种。如今，取而代之的是员工投资者，他们通过自己的金融中介尤其是退休基金持有企业的股权。但是，除非他们被公开地融合到决策过程中，否则他们就不会支持企业、不会支持管理层。他们最多也就是漠不关心、保持中立，而那就意味着企业及其管理层根本没有权力基础。

如果员工所有者能够被融合到决策过程中，能够被调动起来支持企业，那么管理层就将再次拥有合法性的基础。他们将再一次拥有权力基础。在社会当中，在同时作为岗位占有者和"受益所有者"的员工们（企业主要是为他们的利益经营）中间，将再次出现支持生产者利益的选民。但是这不会自动地发生。它要求同时身为社会资本所有者和社会知识拥有者的员工必须要被赋予责任。

管理层的任务是要使人力资源变得富有成果。在发达国家，职场重心向知识工作者的转移以及人员能力的稳步提升，表明人力资源的潜力出现了非常巨大、近乎空前的提高。事实上，这正是这些国家"发达"的原因。然而总的来说，在发达国家管理层并没有积极主动地去把这种潜力转化为实际的责任、实际的公民身份。管理者通常没能起到带头作用，没能抓住员工从"无产者"向"资本家"转变的机会，因此也就没能充分地利用好他们保管的资源。在大多数企业里，员工基本上都被"大材小用"了，而在大多数的公共服务机构里甚至更是如此。员工的责任与他们的能力、权力和经济地位不匹配。组织给他们的是金钱，而不是只有真正的责任才能赋予的地位——这种交换永远也不会奏效。

具体来说，从最底层到最高层，所有层次上的员工都需要被赋予真正的责任——处理群体事务的责任，包括制订和管理福利计划的责任。○员工必须要负责为自己的工作设定目标，负责根据目标通过自治来进行自我管理。员工必须负责整个操作流程的持续改善——也就是日本人所谓的"持续学习"。员工还必须在思考和确定企业的目标、做出企业的决策等方面分担责任。

这并不是"民主"，而是公民身份。这不是"放纵"，也不是"参与式管理"——后者往往只是一种想要通过心理操纵来掩盖员工无能为力这一事实的徒劳尝试。实实在在地赋予员工责任，让他们对群体事务的处理、工作目标的设定以及自身绩效的持续改善负责，这会不可限量地强化管理，就像在多部门企业中"分散化"总是可以强化管理一样。这可以帮助全体员工更好地理解管理决策和管理者的态度。一个必须全力应付所辖业务的营销决策的部门总经理，可以理解他的最高管理层面临

○ 关于这些主题更全面的讨论，请参见拙著《管理：使命、责任、实践》(*Management: Tasks, Responsibilities, Practices*)。

着什么、一项"业务决策"真正意味着什么；同样地，一个必须想清楚自己的目标并参照目标来评价自己的绩效和贡献的工程师，也很快就会理解决策意味着什么、"绩效"到底指的是什么。他不会放弃做一个"专业人员"——他肯定不会。但是，他获得了新的认识维度、新的视野以及要为组织整体的生存和绩效负责的责任感——这也正是管理者与下属、公民与臣民的差别所在。

我们还需要把员工的经济利益组织化，这将更加艰巨。具体规范相互冲突。在经济体系中，员工的所有权权益（不管它的表述形式是什么）是员工最重要的一笔金融资产。这笔资产必须要以一种可靠的方式来组织，并且必须是作为员工的一笔真实"资产"。但是，这笔资产的组织形式还必须能够保障重要的社会需求：是经济改变而不是"冻结"在过去的能力；社会和个人对个体流动性和自我控制的需求。最后，员工所有权权益的组织形式还必须要保证企业和公共服务机构拥有明晰、有效、可靠的治理。

在某些方面，通过把企业是在为员工的利益（即员工的就业岗位）经营的事实制度化，通过把传统的所有权和财产视为次要的、从属的，日本人已经绕过了这些利害关系。日本面临着非常严重的社会问题。㊀但是，如果日本人能够在"终身雇用"之外系统性地预期冗余员工的安置并提前为之做好准备，从而成功地把流动性和灵活性融入他们的制度中，那么他们就将接近于在现代企业中实现了真正的社群。这个社群将

㊀ 关于这些问题，请参见我的文章"Japan: The Problems of Success"in *Foreign Affairs*（April 1978）。

基于传统日本宗族的相互责任，而不是基于西方合同的概念。而它可能给日本带来在所有发达国家的产业中最稳定的社会结构。

在西方，解决方案将必须把经济体系中的经济利益与个体的财务需求、个体的流动性以及社会对灵活性的需求结合起来。

目前有三种方法。看起来似乎最简单的一种方法，就是员工所在的企业实行直接股份所有制。美国就正在以"员工股权计划"（ESOP）的名义，通过大量的税收减免来大力推动这种做法。ESOP 的确可以使企业利益与员工利益的一致性变得显而易见，也的确可以把员工改造成"所有者"。但是，尽管一个世纪以来我们一直在进行这样的尝试，可不管是在哪里进行，开始时的热切期望最后总是会破灭。这是因为 ESOP 触犯规范的行为太过明目张胆了，以至于它几乎注定会带来失望和经济损失。

ESOP 假定所有的或者至少是绝大多数的企业始终都是成功的、盈利的。但是，在 ESOP 必须要产生结果的时间跨度里，也就是在员工的职业生涯期间，大多数企业都会经历困难重重或损失重大的时期。实际上，多数企业都很可能会在 30 年内消失。通过拥有自己的工作岗位，一个员工已经在企业中拥有了一笔重大的财务利益。他的这笔"积蓄"就相当于他为自己在企业之外的未来预留的储备。让这笔"积蓄"与企业一道去冒消失的风险，这显然是不负责任的财务管理；把所有的"积蓄"都投进任何唯一的投资中，这也是不负责任的财务管理；而把它们投进一项资金被冻结、不能变现的投资中，那就是更加不负责任的做法了。因此，在 30 年内，在他们必须投资以确保一笔未来的退休收入期间，大多数的 ESOP 持有者都会遭受相当大的损失。事实上，早在这之前 ESOP 就会让这些持有者掉转枪口去反对企业了，因为他们将早就已经意识到 ESOP 一直在牺牲他们的利益，被"老板"利用来筹集资金。一旦企业陷入哪怕是短期的经济困境——在任意的 5 年时间里，任何一家企业发生这种情况的概率都在 80% 左右——员工们也自然会立刻变得焦虑不安，会觉得他们被"敲竹杠"了；事实上，他们的感觉是正确的。另外，在雇用企业中拥有的股权也把员工拴在了企业里。它会阻碍员工的流动，而在社会、技术和经济都快速变化的时期，这种阻碍格外不受欢迎。事实上，这种阻碍是反社会的。

在 1974 年的《退休金改革法案》（Pension Fund Reform Act）出台之前，让美国企业对退休基金不满的一个主要原因就是员工的退休金把员工拴在了一家企业里。这种抱怨是合理的；而且，退休金保留权（使得退休金要求权成为员工的一种财产）是一种必需的改进。ESOP 就像退休金保留权生效前的退休计划一样，会把员工紧紧地拴在一个雇主那里。最后，ESOP 还会诱发和助长经济停滞。它会促使社会极力地维持过去。衰退的行业和企业很可能会最热衷于通过员工股份所有制来筹集资金，因为这些企业最难以通过任何其他的途径获取资本。但是，反对 ESOP 的最根本的理由在于，它在多数情况下会导致幻灭、敌意和财务损失，因为它违背了审慎理财的一些基本原则。

另一种极端的方案是建立一个全国性的股权基金，它由国内的所有企业提供资金，并对所有这些企业投资。目前，斯堪的纳维亚地区的国家正在考虑这种做法。一个国家的员工整体将是该基金资产的受益所有者，他们的退休金将依赖于该基金。如果说在刚刚的分析中，ESOP主要是有利于企业（尤其是摇摇欲坠的企业）从员工的"积蓄"中获取以其他方式不能轻易得到的资金，那么全国性的股权基金将主要是有利于打算控制和管理该基金并借此控制国家经济的工会官员。

在所有其他方面，该基金必然是一个巨大的失败。它将永远也无法卖出任何股份，永远无法退出一笔投资。它将被束缚于昨天的行业和企业中，将剥夺明天的行业和企业获取资本的权利。如果得以通过，这个全国性的基金将注定会使斯堪的纳维亚地区的国家陷入经济衰退。它们将不仅无法抛弃过时的行业和技术，而且也无法资助和建立新兴的行业和技术。在政治上，这样的一个基金（尤其是被工会控制的）不可能让一个行业没落并消失，更不要说会去资助一个新行业了——要知道，它可能会成为该基金控制的旧行业的竞争对手。出于显然的政治原因，它既不能在国外进行投资，也不能容许它控制的企业在国外活动。而且，对于身在一个斯堪的纳维亚小国的员工以及这个国家本身来说，这种把大部分投资以及企业活动限制于狭小的国内经济中的做法，在目前世界经济趋于一体化的情况下将肯定是不受欢迎和不负责任的。目前，上述国家的工会想要建立的组织已经有了一个原型：它就是墨索里尼（Mussolini）为了抢救境况不佳的意大利企业而建立的、目前控制着意大利大约30%～40%的大企业的政府投资公司。如今在意大利，即使是全民所有制最坚定的支持者也承认，这类组织是一颗无法摘除的恶性肿瘤。

但是，对斯堪的纳维亚人的计划来说，最大的弱点在于它会模糊员工已经变成所有者的事实。它让人们看清楚的只是工会官员享有薪酬非常丰厚的职位并且有权支配大量的资金。在意大利的政府投资公司所拥有和经营的那些企业里，员工不会把他们自身看成是"所有者"；正相反，那些企业里的劳资关系在意大利是最糟糕的，而且它们的生产力也是最低的。同样的道理也适用于以色列——在那里，工会联盟拥有该国2/3 的企业。

第三种方案是美国人的做法：各个雇主（有时候在特定行业或领域里是一组雇主）分别建立各自的退休基金并为其提供资金。这些基金不得将其较大部分的资产用于购买受雇企业的证券，而是要依据专业的投资原则来购买多样化的、易变现的投资组合。这种方案可以满足负责任的财务管理的原则。它既不会冻结经济的流动，也不会阻碍个体员工的流动。但是，它没有把经济为员工所有这一事实体现为一个显然的、有效的、制度化的现实。

这对美国的企业管理层提出了一个巨大的挑战。管理层将必须要让员工参与退休基金的治理，而且其方式要能够保持专业财务管理的完整性。反过来说，如今控制着大型企业绝大部分股本的退休基金，也将必须有权参与所持企业的治理——很可能是通过在企业的董事会任命专业的外部董事来实现。否则的话，工会就会要求由它们来代表员工，从而想方设法地确立它们对退休基金的控制权。事实上，工会已经提出了这样的要求。

"员工社会"的形成已经摧毁了原有的合法性基础，摧毁了"资本家"时代企业赖以存在的权力。这还消灭了企业在当时的个体"所有者"中间拥有的选民。那时，在一家小型本地企业的所有者——一家路边香烟店的店主——看来，他与大型企业的所有者们有着相同的"财产"利益。如今，这些大型企业的所有者已经变成了员工们的组织和代表。小商铺的店主再也看不出自己与他们在利益上有什么一致性；事实上，他们之间就是没有多少一致性。相反，小店主会意识到，大型企业的职业经理人不信任"所有者 - 管理者"（owner-manager）企业，不会真心实意地赞同"家族企业"（family business），尽管他们嘴上说的可能很好听。但是，大型企业的新所有者也就是员工们居然不知道，如今"大型企业"就是"他们"。管理层实际上代表着社会中生产者的利益，也就是员工们的利益。但是，管理层并没有与自身的职能相称的威信、合法性、选民以及权力基础。而且，管理层荒谬的"利润"托词也进一步模糊了现实以及管理层的合法性。

因此，员工社会的形成已经导致了一个权力真空，导致了"权力"与"财产"之间的不一致——新的"财产"必须要在权力结构中占有一席之地。员工社会的形成还导致了知识和权力之间的不一致。新的知识群体需要与责任融为一体。这样的融合不会太费力；其中的一切都已经有某些西方企业或者日本人做到了。但是到目前为止，因为管理层还没有认识到他们的机会，所以他们会感到自身正面临着丧失权力的危险。在英国，工会向政府以及管理层的权力发出的挑战，仅仅是一个最引人注意的例证。因此，我们面临着强烈的动荡。但是，大多数管理层没能看到的是，这种动荡当中隐藏着一个大好机会。

工会还能幸存吗

员工社会的形成还会在工会中导致一个动荡中心。我们的社会是一个员工社会，其中的企业主要是为了员工的利益而存在，其中的员工则是唯一的"资本家"、唯一真正的"所有者"，这一事实甚至已经危及了工会的生存。一旦有85%的国民收入流到了员工们的口袋里，工会就失去了它最初的理论基础：增加进入"工资基金"的那部分国民收入的理论。一个工会所能够做的，就是牺牲其他员工的利益来增加本工会成员的份额。因此，工会变成了一个通过权力威胁来抢劫社会其他成员的特殊利益群体的代表，而不是一个"阶层"的代表，更不用说是"劳苦大众"的代表了。

的确，经济成果不是工会唯一的理论基础，甚至不是美国"企业工会"唯一的理论基础。作为管理势力的对手，工会从它的这种政治角色中得到了很大的支持。这可以解释为什么使一个行业国有化总是会导致更强大、更好斗的工会。但是，从员工正在变得更加具有管理者和专业人员特征的意义上来说，管理势力是一个稳定减弱的顾虑。这些员工就是他们反对的管理势力的一部分。这种矛盾的一个生动例子就是大学教授们的好斗的工会。他们首先关心的是利用全体教员的管理势力对抗行政主管、立法机构和纳税人，而不是限制管理势力本身。一般来说，这是管理群体和专业群体的工会的典型特征。例如，这适用于英国行政文员的工会：其公开承认的宗旨就是要为其成员争取最大的管理支配权，要削弱议会和部长们掌握的这种权力。当然，如果工会主义是强制性的，那么每个群体就都必须建立自己的工会。因此，我们可能会看到一个代表最高管理层群体的"工会"，其用刺耳的声音叫嚷首席执行官的"显赫地位"是合法的。但是，这与传统工会关心的东西几乎毫不相干。

因此，发达国家中的工会处于意义深远的紧要关头。当然，同英国、瑞典或德国等工会势力非常强大的国家相比，在工会势力相对薄弱的美国、法国和日本等国家里，工会的状态可能反而要好一些。作为一个相对次要的因素，美国工会可能更健康。在1980年，至少是在社会经济的私营部门里，工会所代表的工人比例同它们在大约50年前打着新政（New Deal）的旗号开始工会运动时相比下降了。到了1980年，私营部门中工会成员占总就业人数的比例，从第二次世界大战后30%的高峰下降到了15%～16%。在1933年，这个比例大约是18%。在美国，自第二次世界大战以来，只有在没有"资本家"可反对的公营部门里工会成员的人数增长了。只要一个工会是弱小的，全社会的员工就会真心地希望让它作为一种第二重保险的形式存在下去。大多数的员工不属于工会，不必缴纳会费。他们不必服从工会的命令。然而，工会是一个时刻存在的威胁，会防止管理层坚持专断的权力。但是，就像在英国、北欧或意大利等国家里那样，在工会本身已经变成了势力的地方，工会是强制的。因此，工会正处于危险之中。

这听起来可能非常奇怪——如今，工会正在炫耀自己的力量，而且就像在英国那样，它们看起来几乎已经篡夺了政府的宝座。但是，工会势力的过分要求本身就是恐惧的标志。在任何地方工会都知道这样的事实：它们必须让自身成为权力结构的一部分，以免受到政治权力的严密控制或者变成政府的分支。因此，如今工会在采取基于弱点而非优点的攻势。它们知道，社会仍旧会赋予它们合法性。但是，这还能维持多久呢？

当工会对自身的使命、社会角色以及合法性充满自信时，它们就会轻蔑地拒绝参与管理的建议。它们知道，成为"老板"的伙伴并与其分担责任，这只能削弱工会的力量。如今在德国、斯堪的纳维亚、英国等工会看起来最强大的地方，工会正在强烈地要求"共同决策制"，要求通过法律巩固它们在管理结构中的地位。

这在某种程度上就是最后的、绝望的、基本上徒劳的顽抗——试图对抗受过良好教育的受雇的新中产阶级，保住昨天的大多数也就是蓝领工人的权力。这在英国工会的"共同决策制"提案的要求中得到了最露骨的体现——在"共同决策制"的名义下，代表最大的一个员工群体的工会应该占据所有的董事会席位。但是，当德国的工会要求在"共同决策制"的名义下，专业员工和管理群体应该被排除在董事会之外时，它们打了同样的战争并且战败了。在这些国家里，受过良好教育的新中产阶级倾向于像蓝领群体一样充分地组织起来；而且，他们的工会往往更是好斗。然而，他们把自身视为一个特殊利益群体，而不是"受压迫者"的代表。他们可能比传统的蓝领工人更"自由主义"，就像在美国中产阶级的公共服务机构工会常有的表现那样。但是，他们在上面表现得"自由主义"的那些问题，很可能与工人阶级关心的种族关系、堕胎、国际事务或者环境保护相去甚远。知识工作者所控制的，正是德国和英国的工会领袖们害怕并且极力想要通过他们提出的"共同决策制"来扼杀的。他们的这种企图没能得逞，而且很可能永远也不会得逞。但是，他们的建议也利用了这样的事实：即使是今天的蓝领也拥有远比过去多得多的知识、信息和教育，尽管他们没有与其能力相称的责任。从这一点上来说，"共同决策制"是对不一致性、对管理层未能将其作为机会加以利用这种失败的响应。

"共同决策制"不是正确的解决方案。大多数影响员工的决策都是群体内部的决策，而不是董事层次上的决策。最重要的是，"共同决策制"中的员工代表并不是企业的员工，而是工会的官员——他们与企业没有利害关系，在企业中没有利益，往往也不了解企业。无论在什么地方，"共同决策制"都是工会领袖而不是工会成员的要求，是对权力而不是责任的要求。它会削弱管理层、企业以及经济，然而却不能给企业、员工或者社会带来他们需要的。与其说它代表着工会的成功，还不如说是代表着管理层的失败。

即使是在工会已经成功地推行了"共同决策制"的发达国家里，工会中拥有经济学、法学和心理学学位的专业成员（他们在所有的劳工运动中把持着实权）也知道几乎没有多少管理者了解的事实：接下来的25年将决定工会的生死。管理是必需的——不管怎样，企业和机构必须得到管理。管理是一种基本职能。问题不在于组织是否要有管理者，而在于谁将成为管理者。工会是衍生的，是对管理层的响应。但是，工会的职能并不是必需的或不可缺少的；任何集权国家都能轻易地取缔工会，或者把它们变成听话的管理机构。从经济产值中争取更大的份额——工会的这种原始职能已经退化了。没有"更多的"份额可以争夺了。如果管理层把员工的企业所有权和知识责任的现实制度化了，换句话说，一旦管理者想方设法地完成了一些相当简单的事情以及他们的任务，工会的这种社会职能就会变得无足轻重。然而，如今的工会还有能力使社会瘫痪，还有权利参与有组织的内战——因为罢工已经变成了内战。没有这种权利，工会确信它们将无法生存；它们的这种判断很可能是正确的。但是，一旦工会已无法再为员工争取"更多"——因为员工一开始就得到了"全部"——罢工的合理依据就会消失。因此，工资将必须基于生产力而不是压力、基于经济现实而不是"讨价还价的能力"。

还没有哪个社会曾经赋予某个特殊利益群体挑起内战的权力，除非它在"攻击性武器"方面有优势。

如今，工会的地位有点儿像1300年前后的封建地主。300年前，农民们都渴望自己能成为地主的农奴。那时，残酷地烧杀抢掠的诺曼底入侵者时常来袭，而地主是对抗他们的唯一防御。300年后，封建地主失去了作用和贡献。但是，他们仍旧拥有盔甲、骑兵和土地，反对他们无异于以卵击石。又过了150年，当瑞士的农民们在15世纪中期凭着让敌人摔落马下的办法消灭了勃艮第骑兵部队的精锐时，农民阶级才第一次认识到了马背上身披厚重盔甲的骑士多么不堪一击。

工会没有骑兵、盔甲和土地。除非民意和政府支持它，否则工会就毫无力量。正因如此，希特勒才能只派去一个少尉和十个士兵就占领了工会的总部，轻而易举地废除了全球最大、最高傲，显然也是最有势力的德国工会。除非有民意的支持，除非民意认为工会的理由即便不是正当的也是可以理解的，否则没有哪次罢工会胜利。因此从它们的角度出发，工会正在拼命地谋求对权力结构的控制权。要不然，它们就会迅速地变得软弱无力。

这意味着今后的劳资关系将注定是动荡的，工会将不再理性地抗争，而是将做困兽之斗。它们将为自身的生存而拼死相搏，尽管表面上的理由是要求工资上涨 3% 或者对人员配备表做少许的改动。工会不怕失去一切，因此也就乐于让一切问题都变成冲突和对峙。在这样的情况下，谈论"劳动者的政治家风范"（labor statesmanship）是徒劳的。劳动者的政治家风范已经失去了价值，工会清楚这一点。工会必须努力地重新点燃阶级团结、英勇抗争和壮烈牺牲的古老精神，以对抗极端不利的形势。这在一个员工社会里就意味着好战和激进主义——并非因为工会成员是好战的或激进的，而恰恰是因为他们不好战、不激进。

作为政治组织的企业

自通货膨胀和 16 世纪的宗教战争中形成的现代国家，其赖以存在的前提是社会中只有一个政治组织，也就是中央政府。除此之外，社会中再没有其他合法的政治组织。现代的政治学说宣称，无论是在国家之内还是之外，其他的地方不存在合法的权力中心。现代国家就是靠剥夺现存组织的政治职能才形成的。贵族变成了地主、富有的平民，而不再是地方统治者；教会变成了登记生死和婚姻的行政单位；自由市（free city）失去了自治权，变成了行政体系中的单位。伟大的英国社会学家亨利·梅因（Henry Maine）在19世纪宣称，历史的趋势一直是"从身份到契约"（from status to contract），除了中央政府之外再也没有其他人掌握政治或社会权力。社会中唯一得到承认的组织单位是家庭——从一个中央政府辐射出来的各种权力引起了一个"力场"，而家庭是其中的社会分子。

组织的社会

我们的教科书仍在口头上赞成"现代国家"的政治和社会理论。但是在20世纪，现实已经发生了彻底的改变。在20世纪，尤其是在第二次世界大战结束后的30年里，社会已经变成了一个组织的社会。150年以前，每项单一的社会任务要么是通过家庭来执行的，要么根本没有被执行。照顾病人和老人，抚养子女和分配收入，甚至是找到一份工作，所有这些都是由家庭来完成的。但是在完成其中的任何一项任务时，家庭的表现都很差。因此在绩效层次上，从家庭绩效向组织绩效的转变是一个非常伟大的进步。但是，它也意味着社会的多元化。如今，每项单一的任务都通过某个组织来执行，这个组织是为了永久存在而建立的，依赖于正式结构中的管理者的领导和指挥。在美国，企业往往被看成是这些组织的原型；但是，企业仅仅是其中最早变得突出的组织形式。在欧洲大陆，行政机构或大学至少是同样突出的。这可以解释为什么"管理学"也就是对现代组织的研究在美国是集中于企业，而在欧洲大陆则是集中于公共行政以及"官僚制度"——比如马克斯·韦伯（Max Weber）的研究。但是，这种现象是世界性的，在每一个发达国家里组织化都已经完成。

现代社会中的组织，各个都是为了单一的特定目的而建立的。企业的存在是为了提供产品和服务；企业是经济组织。医院的存在是为了照顾患者，大学的存在是为了给明天培养受过良好教育的领导者和专业人员，等等。这些组织中的每一个都应该提供高质量的服务，同时还应该专注于一种服务。组织都有"公共关系"。换句话说，组织应该把其他的社会关注看成是约束。但是，组织做出贡献、尽到自己的职责是为了生存，要用特定领域里的贡献和绩效来证明自身。

由于组织社会的形成，这一切都改变了。中央政府已经变得越大就越无力。原本目的特殊的组织日益成为社会目标、社会价值和社会效益的承担者。因此，这些组织已经政治化了。它们不能再仅仅用本领域内的贡献来证明自身了；如今，它们全都得用自身对整个社会的影响来证明自身。它们全都有必须要去迎合的外部"选民"——从前在这些群体中，组织只是受到约束，忽视这些约束才会导致"问题"。大学仍旧希望按照自己的价值观定义自身。但是在所有的发达国家里，如今社会对高等教育的要求显然不是学术或教学的要求，而是基于不同的社会需求和社会价值观的要求：大学在其学生群体的组成上要反映社会，而且实际上是要反映被认为适合于明天的社会，而不是今天的社会。这样的期望可以解释美国或德国的大学在招生、教师任用甚至是课程设置等方面受到的日益严重的干涉。如今在发达国家里，可以把自身的使命定义为救死扶伤的医院，越来越多地被看成是一种非常不同的健康护理的中心，是可以让人们预防健康状况不佳的社会行动中心，或者就像一家位于内城贫民区的美国医院的门诊部那样，可以营造出一种"黑人文化"或者独特的"保健风气"。

商业企业也不例外。

在很大程度上，这种转变体现了一个社会的多元化特征。在这样一个社会里，没有哪一个组织可以独立地对整个社会的福利负责。每个组织都追求自己的特定目标。但是，谁来关心公共福利呢？这个在任何时候对多元化的社会形态来说都至关重要的特殊问题，可以解释"组织要有社会责任感"的新要求。在一个多元化的社会里，每一个组织都变成了一个政治组织，并且受到其"选民"的限定。"选民"是一个群体，它能够阻碍某个组织，能够否决其决定。通常，这个群体不能促使一个组织采取行动，但能够妨碍和阻挠它。该群体的支持可能并不是组织必需的；但是对组织的执行能力以及生存而言，该群体的反对则是一种真正的威胁。

过去的组织，当履行了自己特定的职能时，它们也就充分地尽到了自己的责任；如今的组织则必须满足很多"选民"的最低期望，尽管他们当中没有谁特别关心组织的特定职能。对各种各样的管理层来说，组织的这种转变的确是一个巨大的冲击。企业的管理者抱怨说，他们不得不关注那些与经济贡献和绩效毫无关系的要求——他们不仅应该不损害社会（比如不污染环境），而且应该促进整个社会并拿出显然的非经济的成果来，比如建设一个平等的社会，让其中的各个群体不仅有平等的机会，而且也有平等的结果，不管他们各自的能力或绩效如何。在美国，学院、大学以及健康护理机构可能承受着更加极端的"选民"压力，甚至有可能受到了比企业更大的约束和限制。

欧洲意识形态的反商业态度，实际上远比要求企业把经济绩效摆在非经济绩效和非经济目标之后的美国人民党主义（populism）更有助于企业。总的来说，在欧洲，企业以经济绩效为目标被认为是理所当然的；斗争的焦点在于谁应该控制企业，而不在于企业应该做什么。而在美国，尽管人民党主义者对企业的要求不是在意识形态上"反商业的"，但是这些要求甚至要比欧洲的"社会主义者"对"私营企业"的敌视更加排斥经营绩效。社会主义者承认经营绩效是企业的一个目标。不管是致力于环境保护、结果平等、世界的和平与安全，还是致力于披着工业化的外衣去重温自给自足的自耕农社会的浪漫旧梦，美国的人民党主义者基本上是彻底敌视经济绩效的。在欧洲，传统的左派也敌视现在的当权者；他们渴望有朝一日能重掌大权。但是，左派承认当权者目前所做的是正确的。美国的人民党主义者则不然。因此，那些相信美国在政治上是"安全的"，故而成群结队地涌来并在此投资的欧洲人，真的很可能会遭受猝然的打击。

在一个多元化的社会里，所有组织都必然是政治组织。它们都是"多选民"的组织，它们的运转方式都必须保证社会中那些能够否决或阻碍它们的群体将不会抵制或反对它们。所有组织的管理者都将必须学会在这样一个多元化的社会中进行政治思考。

在目的单一的组织中，决策的基本原则是"追求最优化"：要在一边的努力和风险与另一边的结果和机会之间找到一个最令人满意的比率。"最大化"（maximization）这一理论经济学家们的著名抽象概念，在任何组织中都没有意义并且也不会被应用。在一家企业里，没有谁知道怎样去使利润最大化，甚至没有人知道怎样去尝试。在有一个明确目标的组织里，"最优化"（optimization）才是基本原则。

然而在一个政治程序中，你不会努力地追求最优化。你会努力地做到"令人满意"（正式的决策论术语）。

在1979年，美国管理学者、匹兹堡卡内基梅隆大学的赫伯特·西蒙（Herbert Simon）首次获得了授予管理学研究者的诺贝尔经济学奖。他获奖的理论最初是在20世纪40年代后期提出的，他认为管理者在他们的大多数决策中追求的既不是最大化，也不是最优化，而是"令人满意"。他们努力寻找的解决方案，将会产生令人满意的低限结果，而不是最优化的结果，更不用说最大化了。这其实就是一个人在政治领域中遵循的原则。

在一个政治体系中，需要得到最优化对待的"选民"实在是太多了；你必须努力地确定出一个绝对要求最优化的领域。但是在所有其他的领域里——在一个政治体系中，他们的数量总是巨大的——你要努力地做到令人满意，也就是要找到能够让足够多的选民勉强同意的解决方案。你要努力地找到一个不会招致反对的方案，而不是一个将会带来支持的方案。当政治家们说到"可接受的妥协"时,他们指的就是令人满意。政治被称为"可能性的艺术"而不是"称心如意的艺术",这不是没有道理的。

随着所有的组织在一个多元化的组织社会中变得政治化,管理者将必须学会首先想清楚选民们的需求和期望。只要企业是在一个市场体系中运作,客户的期望就必须得到最优化。但是,大多数企业都把股东看作是其必须要使之满意的选民。他们问的是:"将使我们能够补偿资本成本、吸引资本来源的最低回报是多少?"教科书上"资本的最优化回报是多少?"的问题很少受到重视。因此,企业的管理者倾向于遵循这样的假定:要是他们能够在市场中实现结果的最优化,他们就能够满足资本市场的期望。但是,管理层将必须学会把同样的思维延伸到更多的选民(比如员工)那里,即使仅仅是因为工作和职业的市场就像资本市场一样是一个真正的市场。这个市场的期望必须得到满足。然后,如果一家企业打算继续自己的经济使命并实现经济绩效,它还得让为数众多且不断增长的政治选民们勉强接受。

可以理解的是,企业的管理者们憎恨这种发展并将其视为歪门邪道。的确,如果目的单一的组织(不管是企业、医院还是大学)能够专注于自己的任务,把要它们满足其他社会需求的要求看作是无理取闹,是对其能力、使命以及职能的干扰,并断然予以拒绝,那组织就会轻松多了,而且很可能最终对社会来说也更加有益。至少,你需要坚决地主张,我们不应该要求组织去做它们基本上不能胜任的事情。正因为组织是目的单一的，所以它们很少能够在自身狭窄的范围之外有称职的表现。

在20世纪60年代和70年代早期，美国的大学想要履行社区职能的尝试几乎是最没有成效的，不管在美国日渐衰落的内城区多么急需帮助，也不管大学的教师群体中有多少人自称是社区问题方面的专家。对想要胜任的大学来说，一个政治社区的价值观与学术界的价值观差得实在太远了，更不用说双方对什么是城市、城市需要什么、城市怎样运转等问题的认识了。同样，美国的医院想要在市中心的黑人贫民区以其门诊部替代不足的私人医生的尝试，无疑也是一次绝对彻底的失败。私人行医是医院不知道该如何去做的业务，是医院天生就不适合的。这样的尝试只能是有害无益。很多美国企业想要变得"有社会责任感"，并为社会问题（尤其是城市的社会问题）的解决方案做出贡献，但结果总是事与愿违，它们的尝试能不造成重大损失就算好的了。历史记录中没有多少实例表明这种尝试成效显著。

组织必须想清楚其能力。当一个管理者知道自己不能胜任时，他必须有勇气说"不"。最不负责任的做法就是明知能力不足还出于好意去承担。

在这同时，说"我们将坚持做我们知道怎样做的事情，抵制任何干扰我们的其他要求"，这已经不够了。这或许是最明智的态度，但它不可能再奏效了。如今的后工业化社会是一个多元化的社会，它必须要求其中的组织承担超越自身特定使命的责任。

因此，管理者必须要分清他们能做什么、不能做什么。原则很简单，但原则的运用则很困难。任何组织都不应该承担自身不能胜任的工作或责任，否则就是不负责任。任何组织也都不应该承担有可能妨碍其履行首要职能的责任——社会把资源托付给它们，就是为了让它们履行自身的首要职能。那样做也是不负责任的。而一个管理者，不管他是一家企业、一家医院还是一所大学的管理者，他必须要想清楚自己所做决策的影响，因为他总是要对自己的影响负责。然后，他需要想清楚哪些选民能够有效地否决和阻碍自己的决策、他们的最低期望和需求应该是什么。

这必然会导致某种精神分裂症。说到一个组织在其首要任务方面的绩效——无论是企业的经济物资和服务、医院的卫生保健，还是大学的学术成就和高等教育——原则就是追求最优化。在这种情况下，管理者必须让自己的决策基于"什么是正确的"，而不是基于"什么是勉强可以接受的"。但是，在超越这种首要任务的狭窄定义与外界的选民打交道时，管理者必须进行政治思考——至少要安抚选民群体，让他们保持沉默，以防他们行使否决权。管理者不可能是政治家。他们不能让自己局限于"满意"决策。但是，他们也不能只关心组织绩效的中心领域的最优化。他们不得不在一个连续的决策过程中平衡这两种方法。

极少数群体的权力

在一个多元化的社会中，当人数很少、态度坚决甚至往往有些偏执的群体获得了与其实际规模不成比例的权力时，这样的一种程序就显得格外重要。

现代国家的理论认为，社会中将有一个"多数群体"和一个"少数群体"，而由于两者的相互作用，一种国家的"普遍意志"（general will）将会形成。该理论进一步认为，多数群体和少数群体都将关心各种各样的社会决策和政治决策。其他的一切都被视为"派系斗争"，是有害的、邪恶的。现代政党的出现，就是为了把"派系斗争"整合到普遍利益和普遍意志中，并把它们转化为"程序"（program）。自从英格兰的埃德蒙·伯克（Edmund Burke）首次把整合的政党权力与法国大革命的派系极端主义做了对比以来，整合政党的概念就一直是现代政治理论和政治实践的核心。

从整合政党变回对抗的派系斗争，这个过程开始于20世纪的早期。这种转变的一个动因就是工会——它把自身极度专一的概念强加给了"普遍意志"和"普遍利益"的概念。但是，工会仍旧在很大程度上被吸收到了政党制度中。在欧洲，它被整合到了"社会党""共产党"或"工党"的意识形态结构中——这些政党在每一个问题上都有自己的立场，试图把工会狭隘的特殊利益整合到广泛的意识形态共识当中，并且有很长一段时间还取得了显著的成功。在美国，工会总的来说避免了意识形态色彩，但是把自身的关注点局限在了那些完全与社会、政治和文化问题上的广泛共识一致的经济目标上。的确，在其狭窄的经济目标之外，美国的工会历来是一支非常保守的力量，信奉传统的价值观——不管是在家庭问题还是礼拜问题上，是在美国的对外政策上还是在美国的宪法制度上。

但是，一些不同的新力量已经形成，并挑战着传统概念。或许，最早出现的一支力量就是美国的禁酒主义者——作为一个极少数群体，其总数不超过投票人口的5%，但是通过只专注于一个而忽略所有其他的问题，他们成功地把禁酒令强加给了多数群体。1920年的禁酒主义者非常清楚，大多数群体对他们的立场最多也就是保持中立，但通常会表示反对。他们知道，一旦美国的士兵从第一次世界大战中归来，他们的事业就会失败。他们只有三四年的时间去把他们的妄想强加给全体国民。但是他们也意识到，传统政党的方法让非常小的群体得到了决定性投票权——不是通过投票赞成，而是通过投票反对。就这样，通过让这个议题成为他们决定投票反对谁的唯一因素，一个人数只占美国投票人口5%的小群体强迫政府通过了禁酒令。

其后不久，印度的甘地也证明了，一个类似的极少数群体可以利用消极抵抗和怠工来使最强大的势力瘫痪。当然，如果说20世纪20年代的英国人仍旧坚信他们的帝国使命，仍旧乐于把他们的意志强加给人数相当少的对立群体，甚至不惜使用暴力手段，那么甘地的运动恐怕早就被镇压了。但是，当英国人试图这样去做的时候，他们镇压少数群体的努力迅速地演变成了"阿姆里查大屠杀"（Massacre of Amritsar）。在这场冲突中，一个完全糊涂了的英国将军试图采取直到那时都还正确的手段——用武力驱散聚集的民众。让甘地获得成功的，不是印度民众对阿姆里查事件的反应，而是英国民众的反应。

这两起事件预示了政治动态中的决定性变化。这两起事件表明，作为一心想把个别利益整合到一个多数联盟中来的群体，政党无力对抗由目标专一的"真正信徒"构成的少数群体——他们只坚持一个主题，坚持让整个世界或者至少是整个社会的命运完全取决于一个狭隘的目标，不管这个目标是不吃肉、不喝酒、不污染环境，还是不惜任何代价地避免事故或癌症。根据定义，政党是努力地为行动促成共识，而派系则是努力地通过对抗来阻挠行动。他们不是通过他们能够赢得的支持来行使自己的权力，而是通过他们能够阻挠的行动。他们的权力不是赞同的权力，而是否决的权力。

政党将不再为了行动而去做动员。产生结果的权力已经转移到了极少数群体手中，而他们根本没有积极的方案，只有一个消极的，一个"敌人"。通常，他们的口号不是"公民权利"，而是"无核化"（现在是针对核反应堆，而不是像最初那样针对核弹）。人们往往会注意到，在英格兰的工会中，"激进主义者""好斗分子"或者说"左派"占据着主导地位，尽管他们的人数只占成员总数的2%～3%。这似乎是因为占绝大多数的"温和主义者"态度冷漠——他们不出席会议、不投票，不是非常关心。而实际上，少数群体拥有阻碍的权力，因为他们专注于某个单一的主题，并且基本上不在乎行动的后果。他们在乎的仅仅是阻止和破坏。

根据定义，任何只信奉一条至高无上的价值观（除了超自然的"上帝"之外）的个体或群体都是偏执狂。我们剩下的这些人都是健全的，而这恰恰是因为我们知道世界是复杂的，没有哪一条价值观是最终的标准——或许除了不属于这个世界的那一条。但是无论偏执与否，现代政治都正在日益从促成共识转向坚决对抗，从努力地寻找共同点转向鸡蛋里挑骨头，从尝试妥协转向决斗裁判法。或许，这也是多元化社会的一个特点。但是，以前从来没有哪个社会像最近30年里的发达国家这样，如此深刻地延伸了决斗裁判法的概念。

在另一种不同的意义上，专注于某个绝对事物的小群体也可以叫作"偏执狂"。他们拒绝承认他们可能是错的或者可能使用了错误的手段。假如结果不是所预期的，那么这只能再次证明邪恶势力的存在。这从来不会被他们看作是自己可能错了的暗示，更不用说会让他们觉得自己的努力方向错误了。例如，从来没有哪个美国的禁酒主义者会承认，整个"禁酒修正案"（Prohibition Amendment）的确促使喝酒变成了时尚，尽管有大量的证据可以证明这种效果。

特定政治环境中的管理

从共识到对抗、从寻找共同点到执拗的狂热主义，这种转变意味着管理者在政治界活动的传统方式将不再奏效。管理者始终被要求去了解政治家的需求、去与政治家合作。他们听到的忠告永远是：要与政治家保持密切关系，不管他们在议会还是在行政机构；要认识他们并被他们所认识；要揣摩他们的需求并与他们合作。对管理者来说，下面的这些做法仍旧都是明智之举：要去了解他人尤其是政治家的观点、价值观、当务之急以及难题，即使这仅仅是因为他们的态度、价值观和压力非常不同于管理者，无论你管理的是企业、医院、大学还是政府机构；要认识到，有些在管理者看来很显然的事情，比如组织的特定使命，对政治家们来说却很陌生；要在有求于他们之前就去结识那些政治程序的参与者；要重视组织的影响所导致的问题并尽快想出解决方案，以免这些问题变成"丑闻"，变成争取连任或晋升的政治家们手中的玩物。

但是，仅仅做到这些已经不够了。你无法取悦一个偏执狂；你的努力只会加重他的猜疑。你只能把领导地位从他那里夺过来。如今的管理者不能再只是被动地反抗，而必须主动地出击。管理者不能再等待了，必须要成为行动主义者。

作为政治活动家的管理者

一个新的管理者，不论他管理的是企业、医院还是大学，只有不再把自身视为某个"特殊利益群体"的代言人，并且也不再被别人看成是这样的代言人，他才会成为有效的管理者。在一个挤满了忠于"神圣事业"的"真正信徒"的政治舞台上，组织的管理者必须把自身确立为公共利益的代表、"普遍意志"的代言人。他不能再指望政治程序还会是整合力量；他本身必须成为整合者。他必须把自身确立为社会利益在生产、执行和实现方面的代言人。而这就意味着，任何组织（尤其是企业）的管理者都必须想清楚为了公共利益政策应该如何制定，都必须提供社会凝聚力。他必须在出现"问题"之前、在他对别人的建议做出反应之前、在出现纠纷之前做到这一点。然后，他必须要成为倡导者、教导者、支持者。换句话说，管理者将必须学会制造"争议"，学会找出社会问题及其解决方案，学会代表全社会生产者的利益而不是"企业"的特殊利益来讲话。

在美国，作为一个由大企业的首席执行官们组成的团体，企业圆桌组织（Business Round Table）已经为自身确立了政策制定者的地位。他们要全面地考虑经济和社会问题，并要在这些问题成为政治争论之前把政策制定出来。他们一直努力地保持安静，回避公众的注意，不让自己成为引人注目的焦点——他们也一直做得非常成功。在英国，英国管理学会（British Institute of Management）同样也是行动主义者。他们一贯的立场是坚持管理层应该成为社会的经济利益以及公共利益的合法代言人。在日本，历史悠久且很有势力的最高管理层协会，同样也在从向他们认为有害的政策建议说"不"，转向制定他们认为有建设性的、对整个国家有利的政策。

要做到有效力，管理层必须赢得一批选民，他们将承认管理层是生产者利益的代表，是公共意志的代言人。这要求管理层把这样的政策作为对此前讨论过的冗余的预见和预防。这要求管理层愿意承担责任，把员工所有权和员工能力分别整合到企业治理和公民责任当中。这要求管理层不再空谈"利润"，而是愿意尽职尽责地为社会的将来赚取生存成本。这还要求管理层代表公共利益讲话和行动，而不是继续代表某一方的利益、"企业"的利益——保持这样的身份，管理层只能失败。

美国大企业的管理者没能阻止通货膨胀对员工缴纳税款的影响，他们的失败生动地说明了管理层不该怎样做。在美国，只有家庭年收入超过 10 万美元的极少数人（其中有少数是高级管理者），其所得税不受通货膨胀的影响。他们的纳税上限被规定为收入的50%；由通货膨胀引起的名义收入的增长，不会把他们推上更高的纳税等级。然而，他们的下属却享受不到这样的保护。下属们的所得税会暴涨，尽管他们的收入不会比通货膨胀升得更快。纳税上限是敏感的，而且从社会的角度来说是值得甚至必要的。但是我怀疑，如果管理者继续对同行、同事和同伴生产者蒙受的不白之冤保持沉默，那么这个纳税上限是否还能保住。工会故意对此视而不见是可以理解的；它们致力于更大的财政开支，而让个人收入不知不觉地升入更高的纳税等级，这是让财政收入的增长速度超过通货膨胀的最快途径。此外，这也不需要像提高名义税率这样不受欢迎的政治行动。但是，管理者没有这样的借口。他们的沉默等同于惰性、冷漠、没有责任感以及对领导地位的放弃。

除非管理者愿意负起责任，担当公共利益的领导者，否则他们将在多元化的政治环境中变得越来越无力，将继续在对抗政治中做失败者。

新政治环境的要求可能听起来像"大企业的事物"。但是，组织的全体政治化对所有企业的管理层都提出了领导作用和行动主义的要求，中型甚至是小型企业当然也不例外。事实上，中小型企业往往必须投入更多的时间来处理那些并不直接牵涉经济绩效的问题，并且往往必须发挥更多、更有效的领导作用。一家大企业，其首席执行官可能在企业圆桌组织拥有一席之地，他们要处理的是全国性和国际性的问题；相反，一家中型或小型的企业可能会发现，它们要处理的是本地或本州的问题。它们可能必须要通过一个同业公会或行业协会来间接而不是直接地与政府的高层打交道。但是，这对其时间、政策和声誉的要求仍然是一样的。当然，非营利的公共服务机构的管理者也面临着同样的要求，也必须担负起相似的任务。

在如今的社会里，主要的社区需求都通过组织来满足，尽管这些组织当初都是面向单一的绩效目标设计的；不管一家企业是非常大还是相当小，它都要在这样的社会环境中运营和生存。不管一家企业、医院或大学是大还是小，其管理层都将不得不承认，社会期望他们的组织实现一些与组织自身的意图无关的目标，比如在大学教师的任用方面优待"少数群体"，而不管他们的学术和教学能力如何。如今，社会力量已经远离了代表多数意见并且能行动的多数群体，转移到了人数少、决意对抗并且能否决的少数群体手中；管理者将必须学会在这样的政治环境中活动。管理者将会越来越清醒地认识到，在一个多元化的社会中，除了追求组织的绩效，他们还必须要成为领导者及整合者。

结　论

管理层面临的挑战

自从进入20世纪以来，很少有哪种新的基本机构、新的领导群体、新的核心职能像管理层这样形成得如此迅速。在人类的历史上，很少有哪种新的机构这么快就证明了自身是不可缺少的。甚至更是很少有哪种新机构的出现只遭到了这么小的反对，只引起了这么小的骚动和争议。

我写下上面这几行字至今还不到10年。㊀头两句话仍然正确。以前，从来没有哪种新的社会领导群体、新的社会机构像管理层这样形成得如此迅速。在1900年管理层还几乎不被人们所知，而如今它已经遍及世界、无处不在。而且，也的确很少有哪种新的机构这么快就证明了自身是不可缺少的。但是，你并不能再断言管理层遭遇了很小的反对，引起了很小的骚动和争议。正相反，如今管理层正遭到猛烈的抨击。它恰恰是动荡的中心。而且，它已经变得非常有争议了。

㊀ 请参见拙著《管理：使命、责任、实践》（*Management: Tasks, Responsibilities, Practices*）第1章。

我们没有必要太担心管理层的生存。除非人类在一场世界性的大灾难中毁灭，否则作为最近一百年来发生的现象，组织就将继续存在：它们将变得更加重要，而不是无足轻重。而没有管理层，这些组织就无法运行。管理层是组织的"器官"，它可以把一个散乱的群体转化为一个有序的组织，把人为的努力转化为组织的绩效。

但是，明天的管理层很可能会表现为非常不同的形式。管理层的限制、控制、结构、权力以及说辞很可能都会彻底改变。在很多方面，当前以及今后的 10 ~ 20 年将是管理层的"青春期危机"，将决定成熟的管理层看起来将会是怎样的、它的个性将代表着什么、它将能够把自己的多少承诺转化为成熟期扎扎实实的成果。

所有组织——包括企业和公共服务机构——都同样面临的动荡时期的挑战，将影响所有的管理层次以及管理层中的所有群体。第一线的主管可能面临着最令人烦恼的挑战，他们为这些挑战所做的准备最不充分。在知识型组织中，一个"主管"必须成为"助手"，成为"支持者"，成为"导师"。而且无论是兼职工作的女性还是退休者，这些劳动大军中的新成员都要求不同的领导能力——不同于传统的主管经培训后获得的领导能力。一个主管至少已经很好地适应了今天的劳动大军在教育水平和期望方面的彻底转变——不过要想胜任明天的职责，他还必须学会很多东西。

当然，"中级管理层"也面临着挑战。在我所说的"双头怪"背景中，恰恰是"中级管理层"这一术语正在变得毫无意义。由于生产分工，现在被认为是"中级管理层"和"职能管理者"的那些人，将必须学会与那些他们不能直接控制的人合作，跨国地工作，建立、维护和运行系统——其中没有一样是传统的中级管理层的任务。实际上在一个明天的组织中，要把"中级管理人员"与"高级专业人员"区分开来，或者要把这两者与从事最高管理层工作的人区分开来（尽管可能是在狭窄的行动范围内），这将变得越来越困难。

未来最大的挑战和最大的变化肯定属于最高管理层。可以说，社会和政治控制中的根本性变化，比如一个极权主义政党对政府权力的接管或者政府对经济的彻底接管，只会对第一线的管理者或中层管理者产生很小的影响。他们可能必须要填写多出很多的表格，但也不过如此。然而，最高管理层则肯定会发生彻底的改变——不仅仅是占据最高管理层职位的人员会变动，最高管理层的职能、关系以及责任也会发生改变。然而即使是这样，只要社会还希望它的组织发挥作用，组织就仍旧会需要最高管理层。

最高管理层面临着为企业确定方向和管理基本要素的挑战。最高管理层将必须重构自身，以迎接"巨变"（也就是人口结构和人口动态之变）发出的挑战——无论这些挑战是跨国联盟的出现，还是劳动大军及其与企业的关系发生的转变。最重要的是，最高管理层将必须关心环境中的动荡、世界经济的形成、员工社会的出现，以及企业必须在政治程序、政治概念和社会政策方面起带头作用的要求。

在所有的发达国家里，最高管理层已经处在快速变化的过程中。在美国，在像杜邦（DuPont）和通用电气这样的大企业或大银行里，最高管理层群体把他们多达80%的时间都花在了外部关系上，尤其是与各种政府机构以及各种"公众"的关系。对小企业以及非营利的公共服务机构来说，这种趋势同样愈演愈烈。

几个月以前，一家拥有800多张床位的大型社区医院的首席执行官写信给我说："5年以前，我把自己所有的时间都花在医院的经营上，并把我们的政府关系留给医院协会去料理，尽管我常常会在华盛顿以及州政府露面。后来我意识到，我们不能依赖协会。我们非常成功地学会了理解医院的需求，学会了怎样让华盛顿和州政府的立法者和公务员理解我们医院的需求。但是，这要求我本人以及我的两个高级下属，至少要拿出一半的时间来致力于我们的公共关系和政治关系，而不能把这项任务丢给我们的协会管理者，尽管他们有这样的能力。我们花在华盛顿和州政府的时间带来了丰厚的回报，但是我想知道，就这样一周好几天、一天十四五个小时地干，我们这三个高层主管还能撑多久——否则的话，我看不出我们怎样才能既经营好处于危急时刻的医院，又发展和维护好同样决定我们生死的政府关系。"

早在25年以前，我在《管理的实践》中就强烈赞成建立具有明确职责及自身工作计划的独立董事会。如今，这终于渐渐地变成了现实。董事会将再次成为一个真正的责任机构以及组织治理当中发挥作用的一部分。但是，这也会给最高管理层增加新的额外负担。

仿照日本的模式来建立最高管理层以响应这些要求，这种想法会很有诱惑力。在一家大型的日本企业里，最高管理层并不"搞经营"，而是要"拉关系"。最高管理层要处理对外关系——与政府、银行、行业团体等的关系。年轻一些的人，也就是高级部门负责人才是"企业的主管人员",他们经营着企业。最高管理层要确保从事这些工作的人是合格的;事实上,日本的最高管理层可能要把最多的时间花在考虑管理层继任上。当然,最高管理层会参与重大决策。但是,他们的确并不"管理"经营本身。

一些迹象表明,西方的组织也正在朝着这个方向前进。

在一家规模最大的美国银行里,一位董事长、一位总裁和两位副董事长都要把自己的大部分时间花在对外关系上。董事长和总裁曾经轮流致力于纽约市的金融危机;在担负这一任务的那一年里,他们两个人中的一个就没有多少时间去干别的了。在那一年里,他们两个人中剩下的那一个是企业圆桌组织的成员,每周要拿出两天的时间来参与制定国家政策和劳工政策。两位副董事长要分别处理与华盛顿政府机构的关系以及与外国政府和国际金融机构的关系。一群执行副总裁实际上管理着银行。整个最高管理群体每周至少要花两个上午开碰头会,还要尽可能经常地一起吃午餐,尽管他们每个人的差旅日程都排得满满的。

但是,这实际上还是不够。未来将要求最高管理层更多地关心实际经营及其目标、当务之急和战略。未来将高度重视对经营的管理,甚至更重视最高管理层对经营、经营者、经营的问题和机会的了解。而且,生产分工将进一步在私人关系以及经营决策两方面对最高管理层提出要求。

对外关系的负担,也就是最高管理层必须成为行动主义者和领导者的要求,也会淘汰传统的美国方式——最高管理层几乎把所有的时间都花在经营上,却把对外关系委托给下属。正如上文那位医院管理者写来的那封信所例证的，最高管理层已不能再把对外关系委托给同业公会。他们必须积极地亲自涉足关键的政策和关系领域，必须拿出时间来获取第一手的信息并发挥领导作用。

这表明在将来，工作量以及最高管理层对假想任务的准备，将再一次成为思索、实践和创新的主要领域。在第二次世界大战时我们开始致力于研究最高管理层的结构；10～15年之后，我们认为我们已经完成了任务，已经找到了答案。如今，我们将不得不再一次开始努力地阐释这些问题。

今后，对管理层的关注将再一次转向最高管理层的结构、组成和限制及其成员的资格。明天的"最高管理层"将包含比传统上更多的成员，尤其是在规模较大的组织里。在最近的25～30年里我们已经认识到，即使是中型的企业也需要一个最高管理团队，仅仅一个"首席执行官"是不够的——这项任务要求太多不同类型的气质，包含了太多的要素，有太多的工作要完成，不是哪一个人能够胜任的。对于最高管理层的任务而言，一个恰当的类比是小型室内乐团或者说弦乐四重奏乐团——其中的每个演奏者都同等重要，尽管他们中间总是会有一个"领奏者"。

例如在生产分工中，每家工厂的负责人都是整个企业的最高管理层的成员。一个跨国联盟就是一个"系统型"组织——在这个组织中，不是仅有一个而是有很多个"最高管理层"；在这个组织中，几乎每一个负责整体的特定部分的人，都必须要了解有关整个企业的所有决策，以便他能够建设性地履行自己的职能。我可以相当肯定地说，我们也将尝试其他的结构和设计。我们能够确信的一点是，即使是在中小型企业里，对一种组织结构的检验也将达到这样的高度：将让较年轻的人们去面对最高管理层的挑战，将参照最高管理层的要求来考验他们，将让他们为企业和组织的经营而不是为特定的职能和专长做好准备。

在20世纪，很少有哪种新的社会机构、新的社会职能像管理层这样形成得如此迅速，也很少有哪种新的机构这么快就变得不可或缺。但是，也很少有哪种新的机构、新的领导群体，曾经接受过如今动荡时期的管理对企业以及公共服务机构的管理层提出的这种考验——如此苛刻、如此富有挑战性、如此令人兴奋。

译者后记

1939年，在他的第一本书《经济人的末日》出版之后，彼得·德鲁克就成为一位言辞犀利、背离传统、见解独特的政治、经济和社会分析家。如今，他被人们看成是管理学科的奠基人，是现代组织学和管理学领域里最有影响力的思想家和创作者。

本书的首次出版是在1965年，这是本书的第2版，出版于1980年，距今也有30多年了。您一定会问，现在推出此书的中文版有些为时已晚了吧？说实话，刚刚了解到本书的出版信息和大概主题时，作为主要译者的我也有这种疑惑。但是随着翻译的深入，我发现自己的这种担心是多余的。事实上，这是一本经典，根本不会过时。

本书是写给组织的管理者和决策者的。这里所说的组织包括企业、大学、医院、政府机构以及工会。正如《图书馆杂志》所评价的，"对所有关注未来环境的管理者来说,这都是一本发人深省的好书……在他一如既往的透彻分析中,德鲁克强调了那些对希望看到组织安渡困境的管理者来说非常重要的主题。这本书中所提出的战略,可以帮助管理者应对人口、生产技术和消费市场方面的结构性转变,以及他们对世界经济中的通货膨胀、生产力和有效经营等问题的顾虑"。

之所以说本书并不过时,是因为其所关注的社会动荡如今非但没有平息,反而更加剧烈了——世界政治、经济、科技的变化更加迅速。动荡仍将持续。在动荡时期,管理者能够做什么、应该做什么、必须做什么?作者认为,动荡时期管理层的首要任务就是确保组织的生存能力,确保组织结构的坚实和稳固,确保组织有能力承受突然的打击、适应突然的改变、充分地利用新的机会。动荡的时期是危险的,但也充满着大好机会。是在动荡中翻船,还是随浪而上、挺立潮头,这取决于管理者的思想和作为。本书就是要帮助管理者制定正确的战略,把变化的威胁化为机会,从而采取有效且有利的行动,为社会、经济和个人做出贡献。

本书的一个特色是作者的着眼点。他认为,任何想要在动荡时期管理好组织的努力,都必须首先着眼于最具可预知性的发展:人口统计特征。人口结构的变化决定了国家乃至世界经济的格局。例如,跨国的生产分工、世界经济的一体化或者说是现在的全球化,在很大程度上就是因为发达国家与发展中国家在人力资源结构上的差异:发达国家人口的受教育程度高,管理和专业人才充足,但从事传统产业的劳动力短缺;发展中国家则恰恰相反,是传统劳动力过剩,而管理和专业人才缺乏。

这种差异也决定了发达国家的主要任务是为知识型劳动力创造职位，而发展中国家的主要任务则是解决传统劳动力的就业问题。

30多年过去了，这本书所探讨的新现实已成为历史，作者所做出的预测有些已经成为现实（比如不可阻挡的全球化），有些仍是趋势（比如世界货币的形成），有些则尚不明朗（比如主权的终结以及西方工会的消亡）。但不管这些现实和预测是否过时，对管理者来说，本书的思想始终具有重大的指导意义。作为现代社会中不可或缺的一支重要力量，管理者群体应该正视现实，勇于面对动荡时期的巨大挑战，把握正确的方向，制定正确的战略，代表整个社会的利益去参与和推动组织、国家乃至世界经济的发展。尤其是各个组织的最高管理层，必须要关心环境中的动荡、世界经济的形成以及员工社会的出现，必须要在政治程序、政治概念和社会政策等方面发挥带头作用。这是管理者群体的责任。

在1980年作者写作本书时，中国的改革开放才刚刚起步，中国的经济自然还不足以引起作者的注意，所以本书没怎么提到中国在世界经济中的影响，甚至没有把中国作为发达国家的投资重点。我想，如果说让德鲁克先生今天重写本书，那他一定不会忽视中国。社会主义市场经济的发展已经使中国的管理者群体渐渐萌芽了。这个群体注定会成长为中国社会中的一支重要力量。让这个群体从一开始就明白他们担负着怎样的社会责任、应该怎样以社会利益代言人的身份去面对未来动荡的挑战，这正是引进本书的目的。所以，对中国的各种组织尤其是企业的管理者来说，本书非但不过时，反而是非常及时。

本书的翻译工作由宋阳、方宏、曾毅、汪蘅、曹飞和姜文波承担，最后由姜文波统一译稿。作为本书的主要译者和统稿者，我在此向参与本书翻译的所有人员表示感谢。由于水平所限，翻译中难免有疏漏和不当之处，望读者见谅并指正。

姜文波

彼得·德鲁克全集

序号	书名	要点提示
1	工业人的未来 The Future of Industrial Man	工业社会三部曲之一，帮助读者理解工业社会的基本单元——企业及其管理的全貌
2	公司的概念 Concept of the Corporation	工业社会三部曲之一，揭示组织如何运行，它所面临的挑战、问题和遵循的基本原理
3	新社会 The New Society: The Anatomy of Industrial Order	工业社会三部曲之一，堪称一部预言，书中揭示的趋势在短短十几年面变成了现实，体现了德鲁克在管理、社会、政治、历史和心理方面的高度智慧
4	管理的实践 The Practice of Management	德鲁克因为这本书开创了管理"学科"，奠定了现代管理学之父的地位
5	已经发生的未来 Landmarks of Tomorrow: A Report on the New "Post-Modern" World	论述了"后现代"新世界的思想转变，阐述了世界面临的四个现实性挑战，关注人类存在的精神实质
6	为成果而管理 Managing for Results	探讨企业为创造经济绩效和经济成果，必须完成的经济任务
7	卓有成效的管理者 The Effective Executive	彼得·德鲁克最为畅销的一本书，谈个人管理，包含了目标管理与时间管理等决定个人是否能卓有成效的关键问题
8 ☆	不连续的时代 The Age of Discontinuity	应对社会巨变的行动纲领，德鲁克洞察未来的巅峰之作
9 ☆	面向未来的管理者 Preparing Tomorrow's Business Leaders Today	德鲁克编辑的文集，探讨商业系统和商学院五十年的结构变化，以及成为未来的商业领袖需要做哪些准备
10 ☆	技术与管理 Technology, Management and Society	从技术及其历史说起，探讨从事工作之人的问题，旨在启发人们如何努力使自己变得卓有成效
11 ☆	人与商业 Men, Ideas, and Politics	侧重商业与社会，把握根本性的商业变革、思想与行为之间的关系，在结构复杂的组织中发挥领导力
12	管理：使命、责任、实践（实践篇） Management:Tasks,Responsibilities,Practices	为管理者提供一套指引管理者实践的条理化"认知体系"
13	管理：使命、责任、实践（使命篇） Management:Tasks,Responsibilities,Practices	
14	管理：使命、责任、实践（责任篇） Management:Tasks,Responsibilities,Practices	
15	养老金革命 The Pension Fund Revolution	探讨人口老龄化社会下，养老金革命给美国经济带来的影响
16	人与绩效：德鲁克论管理精华 People and Performance: The Best of Peter Drucker on Management	广义文化背景中，管理复杂而又不断变化的维度与任务，提出了诸多开创性意见
17 ☆	认识管理 An Introductory View of Management	德鲁克写给步入管理殿堂者的通识入门书
18	德鲁克经典管理案例解析（纪念版） Management Cases(Revised Edition)	提出管理中10个经典场景，将管理原理应用于实践

彼得·德鲁克全集

序号	书名	要点提示
19	旁观者：管理大师德鲁克回忆录 Adventures of a Bystander	德鲁克回忆录
20	动荡时代的管理 Managing in Turbulent Times	在动荡的商业环境中，高管理层、中级管理层和一线主管应该做什么
21 ☆	迈向经济新纪元 Toward the Next Economics and Other Essays	社会动态变化及其对企业等组织机构的影响
22 ☆	时代变局中的管理者 The Changing World of the Executive	管理者的角色内涵的变化、他们的任务和使命、面临的问题和机遇以及他们的发展趋势
23	最后的完美世界 The Last of All Possible Worlds	德鲁克生平仅著两部小说之一
24	行善的诱惑 The Temptation to Do Good	德鲁克生平仅著两部小说之一
25	创新与企业家精神 Innovation and Entrepreneurship:Practice and Principles	探讨创新的原则，使创新成为提升绩效的利器
26	管理前沿 The Frontiers of Management	德鲁克对未来企业成功经营策略和方法的预测
27	管理新现实 The New Realities	理解世界政治、政府、经济、信息技术和商业的必读之作
28	非营利组织的管理 Managing the Non-Profit Organization	探讨非营利组织如何实现社会价值
29	管理未来 Managing for the Future:The 1990s and Beyond	解决经理人身边的经济、人、管理、组织等企业内外的具体问题
30 ☆	生态愿景 The Ecological Vision	对个人与社会关系的探讨，对经济、技术、艺术的审视等
31 ☆	知识社会 Post-Capitalist Society	探索与分析了我们如何从一个基于资本、土地和劳动力的社会，转向一个以知识作为主要资源、以组织作为核心结构的社会
32	巨变时代的管理 Managing in a Time of Great Change	德鲁克探讨变革时代的管理与管理者、组织面临的变革与挑战、世界区域经济的力量和趋势分析、政府及社会管理的洞见
33	德鲁克看中国与日本：德鲁克对话"日本商业圣手"中内功 Drucker on Asia	明确指出了自由市场和自由企业，中日两国等所面临的挑战，个人、企业的应对方法
34	德鲁克论管理 Peter Drucker on the Profession of Management	德鲁克发表于《哈佛商业评论》的文章精心编纂，聚焦管理问题的"答案之书"
35	21世纪的管理挑战 Management Challenges for the 21st Century	德鲁克从6大方面深刻分析管理者和知识工作者个人正面临的挑战
36	德鲁克管理思想精要 The Essential Drucker	从德鲁克60年管理工作经历和作品中精心挑选、编写而成，德鲁克管理思想的精髓
37	下一个社会的管理 Managing in the Next Society	探讨管理者如何利用这些人口因素与信息革命的巨变，知识工作者的崛起等变化，将之转变成企业的机会
38	功能社会：德鲁克自选集 A Functioning society	汇集了德鲁克在社区、社会和政治结构领域的观点
39 ☆	德鲁克演讲实录 The Drucker Lectures	德鲁克60年经典演讲集锦，感悟大师思想的发展历程
40	管理（原书修订版） Management(Revised Edition)	融入了德鲁克于1974～2005年间有关管理的著述
41	卓有成效管理者的实践（纪念版） The Effective Executive in Action	一本教你做正确的事，继而实现卓有成效的日志笔记本式作品

注：序号有标记的书是新增引进翻译出版的作品

沙因谦逊领导力丛书

清华大学经济管理学院领导力研究中心主任
杨斌 教授 诚意推荐

合作的**伙伴**、熟络的**客户**、亲密的**伴侣**、饱含爱意的**亲子**
为什么在一次次的互动中，走向抵触、憎恨甚至逃离？

推荐给老师、顾问、教练、领导、父亲、母亲等
想要给予指导，有长远影响力的人

沙因60年工作心得——谦逊的魅力

埃德加·沙因（Edgar H. Schein）

世界百位影响力管理大师之一，企业文化与组织心理学领域开创者和奠基人
美国麻省理工斯隆管理学院终身荣誉教授
芝加哥大学教育学学士，斯坦福大学心理学硕士，哈佛大学社会心理学博士

1《恰到好处的帮助》

讲述了提供有效指导所需的条件和心理因素，指导的原则和技巧。老师、顾问、教练、领导、父亲、母亲等想要给予指导，有长远影响力的人，"帮助"之道的必修课。

2《谦逊的问讯》（原书第2版）

谦逊不是故作姿态的低调，也不是策略性的示弱，重新审视自己在工作和家庭关系中的日常说话方式，学会以询问开启良好关系。

3《谦逊的咨询》

咨询师必读，沙因从业50年的咨询经历，如何从实习生成长为咨询大师，运用谦逊的魅力，帮助管理者和组织获得成长。

4《谦逊领导力》（原书第2版）

从人际关系的角度看待领导力，把关系划分为四个层级，你可以诊断自己和对方的关系应该处于哪个层级，并采取合理的沟通策略，在组织中建立共享、开放、信任的关系，有效提高领导力。

欧洲管理经典 全套精装

欧洲最有影响的管理大师
（奥）弗雷德蒙德·马利克 著

超越极限

如何通过正确的管理方式和良好的自我管理超越个人极限，敢于去尝试一些看似不可能完成的事。

转变：应对复杂新世界的思维方式

在这个巨变的时代，不学会转变，错将是你的常态，这个世界将会残酷惩罚不转变的人。

管理成就生活（原书第2版）

写给那些希望做好管理的人、希望过上高品质的生活的人。不管处在什么职位，人人都要讲管理，出效率，过好生活。

管理：技艺之精髓

帮助管理者和普通员工更加专业、更有成效地完成其职业生涯中各种极具挑战性的任务。

战略：应对复杂新世界的导航仪

制定和实施战略的系统工具，有效帮助组织明确发展方向。

公司策略与公司治理：如何进行自我管理

公司治理的工具箱，帮助企业创建自我管理的良好生态系统。

正确的公司治理:发挥公司监事会的效率应对复杂情况

基于30年的实践与研究，指导企业避免短期行为，打造后劲十足的健康企业。

读者交流QQ群：84565875